小学音乐学科德育教学研究

张秋华　编著

文匯出版社

图书在版编目（CIP）数据

小学音乐学科德育教学研究 / 张秋华编著. -- 上海:文汇出版社, 2022.10

ISBN 978-7-5496-3899-4

Ⅰ.①小… Ⅱ.①张… Ⅲ.①音乐课—教学研究—小学 Ⅳ.①G623.712

中国版本图书馆CIP数据核字（2022）第192748号

小学音乐学科德育教学研究

编　　著 / 张秋华
责任编辑 / 甘　棠
装帧设计 / 陈瑞桢

出版发行 / 文匯出版社
上海市威海路755号
（邮政编码200041）
经　　销 / 全国新华书店
印刷装订 / 上海新文印刷厂有限公司
版　　次 / 2022年11月第1版
印　　次 / 2022年11月第1次印刷
开　　本 / 720×1000　1/16
字　　数 / 200千字
印　　张 / 13.25

书　　号 / ISBN 978-7-5496-3899-4
定　　价 / 45.00元

序

张秋华老师是上海市音乐正高级教师，也是浦东新区的音乐学科带头人。多年来，她带领一支志同道合的同伴队伍，专注于小学音乐学科德育领域的理论研究和实践探索。功夫不负有心人，经过几年的实践和研究，终于形成了这本专著，也带出了一支优秀的教师团队。

德育和教学是中小学校工作两大基本板块。过去我们对两者的关系重视不够，就算重视了，对两者之间关系的理论研究也显得不足，即使有所研究，也未找到适切的载体。2010 年，上海提出了“学科德育”的概念，系统开展了学科育人价值的研究，明确了各学科独特的育人功能和德育价值，厘清学科德育的内在机理，探索提升学科教师的育德能力，打开了德育与学科教学主阵地的有机整合这扇敞亮的大门。

德育不是学科教学的外加物，而是其中的内生要素。德育与学科的融合是学科教学的应有样态。学科德育是新时代教育改革值得好好研究的一个领域。我想至少有两个理由。一是可以找到学科知识与社会的一个纽带。知识转化素养，素养提升品德，这本就是立德树人、全面育人的应有之意，也是素养导向的新一轮课程改革的必然要求。中小学教师应充分挖掘学科教学的育德功能和育德价值，把学科教学打造成育德的重要阵地，让德育与学科的融合润物无声，溶盐于汤，入耳、入脑、入心。因为教书育人本身就是融合的有机整体，不是割裂的，德育从来都不应该是外在于学科的另一种存在。把握住这一点就能把教书育人落到实处、细处，就能较好地践行学校里“人人都是教育工作者”的理念。二是师德素养在落实学科德育中得到体现和提升。师德素养是学校专业发展的首要领域，师德素养的提升固然需要通过主题报告和专家讲座、同伴研讨等多种形式得以实现。但教师本学科的教学是最贴近教师职业生涯，最贴近教师日常工作的主要载体，因此我们要高度重视学科德育这一实践性、日常性载体，使师德素养得以充分体现。不仅如此，持续提升师德修养，也是在学科育德中动态推进的。只有把握住学科德育这一重要载体，才能更加务实有效地提高师德修养。

音乐学科富含育德资源，这是音乐与生俱来的品质。大量的音乐作品和丰富的音乐表现形式，无不蕴藏着丰厚的育德价值。当耳畔回响起“保卫家乡，保卫黄河、保卫华北、保卫全中国”的时候，就是我们接受中华民族反抗外来侵略教育的时候；当我们高唱一曲“让我们荡起双桨，小船儿推开波浪”的时候，就是我们品味新中国人民和平安宁、幸福生活的时候；当我们弹拨《快乐的诺苏》的时候，我们就会为少数民族翻身解放，为中华各民族大团结而快乐和欣喜。当我们哼起《童年多美好》，我们也会自然而然感悟到童真、童趣、童心的积极健康的正能量；当我们带领小学生轻轻吟唱《游子吟》，我们便会油然而生慈母与游子无法割舍的亲情，而倍加珍惜母爱、滋生孝敬的情愫；当我们欣赏歌曲《劳动最光荣》的时候，我们会随着优美的旋律，尽情赞美劳动，创造美好生活的生动主题；当我们品味《遥望我的蓝色星球》的时候，我们的内心深处必将升起中国人托起航天梦想的民族自豪和时代精神……本书的编著者们很好地挖掘了音乐学科这一德育富矿，充分展现出了音乐的育人功能和育德价值。音乐对学生在成才、成人过程中的审美情趣、精神面貌、人格品质养成具有重要的意义，这也是本书编著者多年来在这一领域潜心研究与实践的价值所在。让孩子们热爱中国音乐文化，从中汲取民族文化智慧，养成健全的人格，坚定文化自信，领略世界音乐文化的多样性，包容不同音乐的表达方式，尊重文化差异；同时较好地把握音乐的思想情感和内涵意蕴，理解作品中蕴含的爱国主义、集体主义，体悟民族精神、时代精神等，增强国家认同感、归属感、责任感和使命感，是音乐老师永久的使命。

本书编著者另一个重要贡献在于，为广大一线音乐教师提供了很有价值的行动指南——教学策略和教学设计。大家都知道，当思想观念和价值认同的问题解决之后，行动就成了重点。那么小学音乐学科德育如何开展？作者给出了两个层次，不同但又互相关联和支持的路径。这就是教学策略和教学设计。前者是路子、是范式，而后者是工具、是模板。

经过多年的实践探索和反思提炼，本书的编著者创造性地提出了四种比较典型的小学音乐学科德育教学策略：歌词分析策略、情景故事策略、问题链策略和创编演绎策略。不同的策略选择要根据音乐作品的不同类型和不同特点，采用适切的方法和路径，以便有效地达到育德目标。这正如我们选择用步行的方式跋山涉水，以骑行的方式穿越乡间小径，以驾车的方式飞奔于高速公路是一样的，目标是一致的。而根据不同的路径选择不同的交通方式，则大有讲究，直接影响到实现目标的效率和效果。歌词分析策略适用于歌词内容饱含育德价值的音乐作品，情景故事策略适用于场景感、画面感强的音乐作品，问题链策略适用于层层递进的问题群设计与解答，揭示主旨和内涵的音乐作品，创编演绎策略，适用于富有表现力和二度创作空间的音乐作品。四种教学策略的提出，为一线教师指明了行之有效且具有操作性的路子，像灯塔，像指示牌，也像攻略，使一线教师有方向，不迷茫。这样定会有效调动广大教师生动实践的积极性和创造性，激发他们在四种教学策略的引领和启迪下，提炼出第五种、第六种以至更多的教学策略，不断丰富小学音乐学科德育的教学范式。

至于教学设计基本框架，又是一个具有重要价值的东西。它是在课堂教学设计过程中，为一线教师提供非常实用的模板，搭建登高望远的脚手架。这个教学设计框架包括：“教学内容”和“德育要素”两个组成部分，其要点是将德育要素对应并浸润到“设计思路”、“教学目标”和“教学过程”各板块之中，巧妙地将教学与德育融为一体。这种一体化设计与实施的框架设计，对学科德育来说，具有很强的针对性，当然也增强了有效性，使“溶盐于汤”的学科德育理念得以落地生根。这不仅是专家赞赏的，更是一线教师欢迎的，这种从上层下移到基层，从理论研究和区域管理下移到实践操作，正是本书的又一价值所在。

人们常说，一个人也许走得很快，但一群人会走得更远。我们手中捧着这部著作，也可以被看作是一群人结伴前行所收集的美丽风景的集合。这不由得令我们想到教师专业成长这个话题。教师专业成长如何更具实效？这是很多人、很多学校都高度重视和关注的问题，也实践探索出了各种机制、模式和途径。这本书，似乎又为我们提交了另一个精彩的答案：通过一位名师的引领，以一个课题为纽带，带领一群志趣相投的伙伴，有分工，有合作；有分享，有反思；有相对独立的个性化实践和研究，有集中的、共性的目标与成果。在小学音乐学科德育的园林里，播种、浇灌，亲历开花、结果、丰收的过程。在这过程中，老师们不但收获了中学高级教师、新区骨干、青年新秀等职称称号，还获得了市区级论文等第奖、市区精品课程、区级展示课、区级活动交流等相关成果。这个园林好似一个实践性基地，教师在这里成长，理想在这里启航，这种教师专业发展实践性培养模式值得我们研究，更值得我们很好地加以推广。

是为序。

浦东教育发展研究院副院长

2022 年 7 月

目 录

教学设计

教学案例

后 记

研究报告

小学音乐学科德育教学实践研究

浦东新区金陆小学　张秋华

一、研究背景

（一）紧跟时代发展，落实文件精神，适应学校美育和新课程改革的需求

2019 年 6 月，国务院颁布了《中共中央国务院关于深化教育教学改革全面提高义务教育质量的意见》，进一步明确了坚持以习近平新时代中国特色社会主义思想为指导，全面贯彻党的教育方针，落实立德树人根本任务。2020 年 10 月国务院颁布的《关于全面加强和改进新时代学校美育工作的意见》要求出，把社会主义核心价值观融入学校美育全过程，根植中华优秀传统文化深厚土壤，汲取人类文明优秀成果，引领学生树立正确的审美观念、陶冶高尚的道德情操、培育深厚的民族情感、激发想象力和创新意识、引导学生树立正确的历史观、民族观、国家观、文化观。2022 年 4 月，全国新课程改革全面铺开，标志着义务教育改革进入了新阶段，在《义务教育课程方案（2022 年版）》中明确提出了：聚焦中国学生发展核心素养，培养学生适应未来发展的正确价值观、必备品格和关键能力，引导学生明确人生发展方向，成长为德智体美劳全面发展的社会主义建设者和接班人。

（二）厚植文化教育，契合多元融入，适应小学音乐教育创新发展的需求

当今，经济的全球化，促成了一定程度的资本主义生产体系在新的历史条件和技术条件下所做的全球性新的调配，音乐也不例外，音乐产品市场的形成足以影响到民族音乐文化的存在。由于文化的、人口的、教育的、移民的、旅

游的跨文化交流形成了不同文化交融与文化重组，音乐也不乏其中。随着多元文化时代的发展，在中国，“原生态音乐”“新民乐”“新潮音乐”“传统音乐”“新音乐”“女子十二乐坊”等现象不断涌现。多元文化的音乐已开始深刻影响着世界的音乐教育，理解世界各民族音乐传统及动态音乐文化现象，将是人们从音乐方面理解和适应世界文化变化的重要方式，也是人类认识世界存在的基本方式之一。

（三）对标新课标，探索新方法，适应新时代小学音乐课堂教学的要求

《义务教育艺术课程标准（2022 年版）》中指出：艺术课程以立德树人为根本任务，培育和践行社会主义核心价值观，坚持以美育人、以美化人、以美润心，引领学生在健康向上的审美实践中感知、体验与理解艺术，逐步提高欣赏美、表现美和创造美的能力，引导学生树立正确的历史观、民族观、国家观、文化观，增强爱党、爱国、爱社会主义的情感，坚定文化自信，提升人文素养，树立人类命运共同体意识，为实现中华民族伟大复兴而不懈奋斗。

《上海市中小学音乐教学基本要求》中指出：音乐学科作为一门人文艺术课程，应该发挥出其独特的人文教育功能，发挥音乐教育的文化认识与传播功能。爱国主义、传统民族文化教育是素质教育的有机组成部分。各地的民歌、民族器乐、民族舞蹈都是我国民族文化与民族精神的结晶，许多爱国主义乐曲、歌曲鼓舞着一代又一代中国人。音乐犹如一扇窗，也让我们领略到世界其他国家、民族的文化传统。音乐教育需要更好地发挥音乐课堂的育人作用，深层挖掘音乐课堂的文化附加值。

（四）研究理论与实践价值

1. 理论意义

（1）深化音乐教育价值

学科教育的独特价值在于育人，在于学生核心素养的培养。本课题的研究，旨在通过丰富音乐课堂的教学方式、教学资源等方面促进学生认识、阐述、感受、体悟、了解不同的音乐；通过音乐学科独具的路径、独特视角和思维策略，获得学习的经历和体验，提升音乐学科发现美、欣赏美和表达美的能力。最终，真正让学生从音乐课堂中获得多方面的精神滋养，在发展对外部世界感受、体验、认识、欣赏、改变和创造等能力的同时，不断完善自己的人生

观和世界观，满足生命的成长需要，从而不断认识自我、发展自我。

（2）完善音乐学科德育教学策略

教学策略是教师在教学过程中为达到一定的教学目标而采取的一系列教学方式和行为。教学策略也是实现教学目标和解决教学问题而采取的行为方针、方案等。通过本课题的研究，帮助教师在落实学科德育实践中，分析德育目标，制定教学方法，提炼、总结、逐步完善，形成一系列行之有效的教学策略，最终形成一定的教学策略理论。

2. 实践意义

（1）对学生的价值

引导学生建立正确的三观，逐步形成相对稳定的价值观。面对纷繁复杂的世界多元文化、多元音乐的涌入，希望通过音乐课堂教学，培养学生正确辨别世界多元文化和选择多元文化的能力；通过音乐课堂对优秀文化、音乐作品的分析，探究优秀文化、音乐作品的精髓；在认识和实践中，引导学生形成相对稳定并能起到主导作用的价值观，促进学生正确的世界观、文化观和人生观的不断形成。

（2）对教师的价值

更新音乐教师的教学观念，逐步提升育德能力和专业素养。在教师与学生共同收集音乐课堂教学素材、共同分析探究音乐文化内涵的过程中，通过开展丰富多样的课堂活动，帮助音乐学科教师树立现代课堂教学观念和教学理念，督促音乐学科教师不断提升自己的育德能力和专业素养。

（3）对学校的价值

营造学校良好的音乐育人氛围和校园育人氛围。通过音乐学科课堂教学，不断引导学生树立正确的价值观念体系。在此过程中，不仅构建音乐学科的育人氛围，巩固音乐学科的育人价值，同时还让学科德育、学科育人价值融入到课堂的每一门学科当中，慢慢走向学生的校园生活。从而实现课堂引导性的育人氛围和校园有形、无形的育人氛围无缝衔接。

另外，通过本课题的研究，立足课题组成员的学校特点和优势，结合专题研究，通过课堂教学观摩、分析、研讨和总结提炼，最后形成可辐射、可推广的学科德育教学方式，为其他音乐教师提供借鉴和思路。

二、问题提出

针对新时代“立德树人”根本任务，将“德”融进文化知识教育过程，深耕课堂教学育德实践，在实施过程中发现了两个突出问题：

1. 小学音乐教师对学科德育教育深刻内涵理解有限

当前，在各级层面的宣传、培训下，已经有不少教师对学科德育有了一些想法，但是在小学音乐课堂中，对“学科德育”的内涵理解不够。“学科德育”到底包括哪些内容，哪些要素？如何在小学音乐课堂中开展“学科德育”？这一系列关于“学科德育”如何与音乐教育相融合的问题始终萦绕在音乐教师的心里。

2. 小学音乐教师对课堂教学中如何落实“学科德育”教育的实践方向比较迷茫

其一，由于对音乐学科德育价值的分析不够深入，音乐教师在课堂上就较为注重理论性知识和音乐本体性知识的教学，而会忽视在小学音乐阶段对学科与德育方面的有效整合。

其二，由于缺少有效融合学科德育的教学策略与方法，导致教学方法较为单一，缺乏创新性和实践性，以至于课堂中落实德育要素和德育目标的效果不明显。

基于上述两个核心问题，本课题研究的重点为：

1. 开展落实学科德育教育的音乐学科解读性研究。

2. 开展小学音乐教学中典型学科德育教学策略研究。

三、研究概述

（一）概念界定

学科德育是依据《课程标准》和《德育大纲》要求，根据学科教学自身特点，充分挖掘学科教学中的德育因素，以知识为载体，采用适当的策略与方法，在学科教学中落实德育目标，以达到教学与教育、教书与育人、知识与道德的统一。

音乐学科德育是充分挖掘音乐作品中的艺术、人文等德育因素，通过丰富多样的音乐教学实践活动，让学生感知音乐作品的内在意蕴，在音乐探究学习中潜移默化地落实德育目标，提升素养和道德，逐步形成正确的三观。

（二）研究目标

1. 基于德育目标，提高小学音乐教学内涵的理解。认真研读德育目标，挖掘小学音乐教材中的育德点，促进小学音乐教学内涵的理解和把握，更好地落实小学音乐课堂教学的德育教育。

2. 通过小学音乐学科的课堂教学实践，尝试运用各种方法进行课堂教学。通过欣赏、分析、体验、实践及师生合作、生生合作等形式，让学生从音乐课堂中获得多方面的精神滋养，从中总结出一些能有效落实学科德育的教学策略。

3. 通过音乐课堂的体验与感受、学习与反思、活动与创编等环节，引导学生感受、体验、认识、欣赏和创编音乐，不断丰富自己的学习经历，完善自己的学习人生，满足生命的成长需要和自我认识，发展自我意识与能力，最终能引导学生形成相对稳定的起主导作用的价值观。

（三）研究内容

1. 基于教学科学性，梳理小学音乐教材中的学科德育资源

我们围绕“政治认同、国家意识、文化自信、公民人格”四个重点内容，开展学科德育教学实践，将社会主义核心价值观和中华优秀传统文化教育要求、上海市“两纲”教育要求，有效融入到小学音乐学科当中。根据这“四个重点内容十六个具体内容”以及相对应的低学段和高学段的要求，梳理、完善、调整小学音乐德育教学资源以及补充资源，有效落实德育目标要求。

2.“德育目标”指引下，开展小学音乐学科德育教学设计研究

在德育目标的指引下，设计、撰写富有德育特色的教学设计。比如，根据教学目标中的德育要求，教学过程中如何一步一步落实德育目标，以及在每一个教学环节的说明中，如何结合德育目标作清晰的阐述等等。

3. 基于课堂，开展小学音乐学科德育教学策略的研究

选择部分教材进行德育教育课堂实践，充分挖掘教学实践过程中音乐作品的

背景、艺术和人文意蕴，通过不同的教学策略和教学途径，让学生进一步感知、领悟音乐作品。在此过程中，形成典型教学案例，总结学科德育教学方法。

通过教学内容、教学实践、教学案例的研究，真正引导学生形成相对稳定的起主导作用的价值观念体系，建立其正确的世界观、价值观和人生观，从而总结出符合小学音乐学科有效落实学科德育的教学策略。

（四）研究方法

1. 案例分析法

结合小学音乐课堂教学案例，分析课程的教学设计和课堂教学实践，评判、思考、研究德育目标的达成度，进而优化完善案例，形成典型的教学设计与实践案例。

2. 行动研究法

聚焦音乐学科德育重点内容，开展有目的、针对性的教学设计，通过课堂教学实施，评价与反思，进而分析教学设计和课堂实施的有效性，从而形成有针对性的实施策略和方法。

3. 专家会议法

结合课题实施的重点和难点，分阶段、分专题，聘请有较丰富知识和经验的专家，进行座谈讨论，在研讨中互相启发、集思广益，最终形成有效的实施建议和方法。

四、研究过程

（一）研究阶段

在具体实践研究的过程中，我们根据课题申报书进度表的时间节点，开展各项实践、研究活动，具体如下：

第一阶段：

准备阶段：搜集资料，撰写实践研究方案

第二阶段：

实施阶段：具体分为三个步骤

步骤一：

（1）重新梳理教材内容

（2）撰写学科德育的教学设计

（3）开展组内研讨，明确研究内容

步骤二：

（1）根据教学设计初稿，完成学科德育的教学设计

（2）组织进行课堂教学活动，完成课堂实录

（3）根据教学实践，完成教学案例

（4）开展组内研讨，指导教师完成论文

（5）举行浦东新区教学展示周——学科德育展示活动

步骤三：

（1）整理所有材料，撰写总结报告

（2）开展组内研讨，并邀请专家进行指导

（3）开展课题研究结题论证

第三阶段：

总结阶段：完成课题结题工作

（二）基本流程

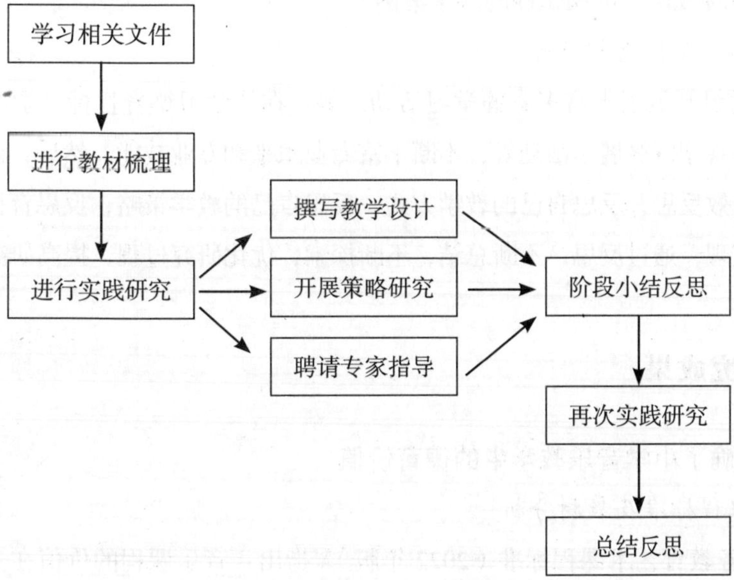

（三）工作方法

1. 计划与实际相结合

由于疫情反复影响，课题组根据原课题实施方案，调整研究策略，在浦东新区德育室王宇老师的指导下，按照“停课不停研”原则，课题组成员相互学习、合作共享，顺利完成各阶段性任务。

2. 线上与线下相结合

尽管仍处于疫情期间，课题组成员仍然坚持不定期地开展课题研讨活动，通过各类社交软件开展线上交流和云端教研。如：组织云端观摩、开展教学设计分享，针对课堂实录做好评课交流。在做好防疫工作的情况下，课题组成员共同努力出谋划策，多次听课、评课、调整、反思，最终在“浦东新区区级展示周——学科德育专场”中，课题组成员倪瑜薇老师公开教学展示《快乐的诺苏》得到专家、领导和老师们的一致好评。在 2022 年 4 月，成功举行课题成果区级展示活动。

3. 实践与研究相结合

在课题研究过程中，课题组成员不断钻研，挖掘教材与德育目标的联系，抓住德育目标实施切入点，分析学生现状，在完成《中国少年先锋队队歌》《在欢乐的节日里》《宜兰童谣》等课堂实录的过程中，努力将研究付诸实践，形成具有时效性、可操作性的教学案例。

4. 学习与反思相结合

课题组开展了丰富多彩的学习活动，如：在线学习德育目标、学习优秀教学视频、观摩区级展示活动等，不断丰富专业水平和专业技能。然后，课题组成员进行有效反思，反思自己的教学方式，反思自己的教学策略，反思育德目标是否得以实现，通过反思，不断总结，不断探索，优化研究过程，提高研究实效。

五、研究成果

（一）明确了小学音乐教学中的德育价值

1. 课程标准及教材分析

《义务教育艺术课程标准（2022 年版）》指出：音乐课程的价值在于为学生

提供审美体验，陶冶情操，启迪智慧；开发创造性发展潜能，提升创造力；传承民族优秀文化，增进对世界音乐文化丰富性和多样性的认识和理解；促进人际交往、情感沟通及和谐社会的构建。在学科德育的引领下，小学音乐课堂应基于音乐学科的教学本质，教师需要通过挖掘音乐教材中的德育价值，运用有效的教学策略，深化学科德育目标，使学生能在富有音乐学科特性的教学活动中感受、理解、表现、创造音乐，从而感知中华民族文化的优秀之处，体会世界文化的多元所在，在潜移默化之中陶冶自身情操，进而树立正确的价值观、人生观、道德观。这对音乐教师提出了一定的要求，要求教师在教学过程中注重对音乐教材、音乐作品人文性、社会性和学科本体性的相互融合。

2. 小学音乐教学的德育目标分析

小学音乐学科德育目标分为政治认同、国家意识、文化自信和公民人格四个重点内容。

政治认同分为党的领导、科学理论、政治制度和发展道路四个具体内容。音乐学科德育教育，首先要贯彻政治认同，以此来引导青少年学生充分了解中国特色社会主义道路的历史由来和在不同发展阶段的战略选择，坚定道路自信；引导青少年学生充分认识到中国特色社会主义制度的优越性，坚定制度自信，从而坚定只有中国共产党才是引领中华民族从贫弱走向复兴的领导核心的认识。

国家意识分为国家利益、国情观念、民族团结和国际视野四个具体内容。帮助学生了解捍卫国家主权和领土完整的重要意义，引导青少年学生充分认识国家领土和主权神圣不可侵犯，维护国家安全是公民应尽的义务，自觉捍卫国家制度，维护国家统一和国家安全，了解祖国大家庭由56个民族组成，认识坚持民族平等团结是各族人民共同利益所在，强烈的民族认同感和巨大的民族凝聚力是维系中华民族生存与发展的内在力量，要旗帜鲜明地反对分裂，维护祖国统一和繁荣。从而树立明晰的国家意识。

文化自信分为国家语言、历史文化、革命传统和时代精神四个具体内容。学科德育教育要让青少年学生充分认识到国家语言是传达民族文化最为重要的工具，帮助学生在学习国家语言的过程中形成民族文化自信，帮助学生继承和发扬在历史革命斗争中形成的革命精神、优良作风和高尚品德；继承和发扬以爱国主义为核心的民族精神、以改革创新为核心的时代精神；继承和弘扬革命传统文化。

公民人格分为身心健康、守法平等、诚信尽责和自强合作四个具体内容。引导学生掌握必要的自我保护能力，逐步养成健康的生活方式，认识、感悟生命的意义和价值，树立乐观、积极的人生观；引导学生树立公共生活与公共规范的意识，养成良好社会公德，培养学生独立自强、勇敢坚毅、不怕挫折的意志品质；引导学生与人为善，学会理解和尊重他人，引导形成开放包容的心态，增强团队意识、合作精神，学会在合作中促进发展。

3. 小学音乐教学中开展学科德育的价值要点

小学音乐学科中，聚焦政治认同、国家意识、文化自信和公民人格四个重点内容，开展小学音乐学科的课堂实践与研究，形成了富有学科德育特点的教学设计、典型的教学案例和专题论文，在课堂教学中根据育德点，开展教学实践，不断提高德育目标的有效落实。

（1）政治认同

通过优秀音乐作品学习，培养学生正确认识党的领导地位，进而明确责任与使命，感受作品表达的“没有共产党就没有新中国”的歌颂之情。引导学生了解中国特色社会主义道路的探索历程，帮助学生明确中国特色社会主义发展道路不是天上而来，是党带领人民通过长期实践开辟出的正确道路，坚定道路自信。

研究作品如下：（5 部）

序号	姓名	作品	年级	德育指向
1	张秋华	《雪莲献北京》	二年级	政治认同之“党的领导”
2	倪瑜薇	《在那桃花盛开的地方》	三年级	政治认同之“党的领导”
3	王岚	《萤火虫》	二年级	政治认同之“科学理论”
4	姚冰馨	《我给太阳提意见》	三年级	政治认同之“科学理论”
5	倪瑜薇	《快乐的诺苏》	三年级	政治认同之“发展道路”

《在那桃花盛开的地方》这部作品，是词曲作者铁源和邬大为等同志在辽

宁丹东的一支边防部队采风时创作而成。歌曲前半部分情绪明朗愉悦，旋律婉转流畅，歌词以写实的方式描绘了家乡桃树环抱、花儿盛开的美丽景色以及乡亲幸福生活的场景。歌曲的后半部分情绪热烈、旋律高亢，歌词以直抒胸臆的方式深切表达了边防战士为了美丽的故乡、为了故乡的美好明天，不畏冰雪、不畏艰苦，立志驻守边疆保家卫国的情感。学生通过欣赏这首爱国主义题材的音乐作品，在聆听对比、歌词朗诵、造型创编等音乐活动中，体会歌曲所描绘的边防战士的爱国情感，从而激发起政治认同和国家意识，深入感受作品所表达的“没有共产党就没有新中国”的真挚情感。

（2）国家意识

我们课题组成员开展了“国家意识”中的“国家利益、国情观念、民族团结和国际视野”这 4 个具体内容，9 部优秀作品的重点实践与研究。

- 国家利益

通过音乐作品的学习，加强学生对国家利益中国家制度的认识，不断树立学生热爱祖国、热爱人民、热爱中国共产党的国家意识，进而推动课堂德育目标的落实。

研究作品如下：

序　号	姓　名	作　品	年　级	德育指向
1	倪瑜薇	《中国少年先锋队队歌》	二年级	国家意识之“国家利益”
2	姚冰馨	《宜兰童谣》	四年级	国家意识之“国家利益”

《中国少年先锋队队歌》这部作品，通过对歌曲的聆听、欣赏与跟唱以及拓展视频的欣赏，使学生感受少先队员的精神面貌和人物形象，知道少先队员应当履行的责任与义务。在此基础之上，组织学生开展模拟少先队员入队仪式的活动，通过创编演绎的教学策略，进一步推动德育教学的深化。结合教学环境，突出奏唱《中国少年先锋队队歌》、聆听总书记寄语、队员入队宣誓等几个环节。在重温入队宣誓环节，不仅仅把“入队誓词”读流利、读响亮，更重要的是提醒学生牢记誓词、与时俱进、恪守承诺，感悟新时代少先队员的责任与使命，促进学生砥砺自我、奋发向前，在未来的学习和成长中深化国家意

识、维护国家利益，真正做到《中国少年先锋队队歌》中对少先队员提出的各方面要求，实现本节课堂的德育目标。

● 国情观念

通过音乐作品的学习，引导学生了解国家在人口、地域、城乡结构、科技水平、文化艺术、信息等方面的社会发展状况，为祖国日新月异的发展感到自豪，树立长大后要为祖国贡献自己力量的志向。

研究作品如下：

序 号	姓 名	作 品	年 级	德育指向
3	李 洁	《歌唱祖国》	三年级	国家意识之“国情观念”
4	高皓冉	《洞庭新歌》	四年级	国家意识之“国情观念”

《歌唱祖国》这部作品，在教学过程中让学生感受作品庄严肃穆的情绪，体验乐曲旋律的雄壮有力、刚健豪迈；感受人们在五星红旗下高歌向前，祝愿祖国繁荣昌盛的美好愿望。本课的设计围绕“国情观念之社会发展”这个育德点，通过哼唱、情景表演、朗诵、打击乐伴奏等形式，启发引导学生对乐曲旋律、歌词内涵的理解，感受乐曲的表现力。教师运用了一些拓展素材，让学生看到了国家一片欣欣向荣的景象，不断加深学生的印象，激发学生对祖国的赞美和热爱之情，深化爱国主义教育。

● 民族团结

通过音乐作品的学习，引导学生了解由56个民族组成的中华民族多元一体的格局，认识民族团结是各族人民的共同利益所在，强烈的民族认同感和巨大的民族凝聚力是维系中华民族生存与发展的内在力量，理解党的领导是发展民族团结进步事业的根本保障。

研究作品如下：

序 号	姓 名	作 品	年 级	德育指向
5	李怡宁	《采茶灯》	一年级	国家意识之“民族团结”
6	宣 航	《新疆是个好地方》	三年级	国家意识之“民族团结”

《新疆是个好地方》这部作品，教师在课堂中设计了多个环节，围绕“民族团结之民族文化”德育目标展开。在课堂的开始，教师选用新疆歌舞律动《娃哈哈》导入，营造一个歌舞联欢的情景。在教学过程中，教师始终关注每一个环节育德点的落实，注重德育教学策略，从创设情景、舞蹈律动、师生合作表演，到最后的综合表演，都紧紧围绕教育目标，学生在了解新疆文化、体验音乐学习的过程中，进一步培养对民族音乐的学习兴趣，树立尊重民族历史、拥护民族团结的国家意识观念。

● 国际视野

通过音乐作品的学习，引导学生了解和掌握和平、环境、文化等概念，了解世界各种文化以及世界多元性知识，尊重多元文化，尊重其他国家文化习惯差异，初步培养善良、民主、热爱和平、关心人类共同发展的情操，增强对文化多元接纳的意识。

研究的作品如下：

序　号	姓　名	作　品	年　级	德育指向
7	柴颖佳	《在欢乐的节日里》	二年级	国家意识之“国际视野”
8	蔡剑波	《花的圆舞曲》	四年级	国家意识之“国际视野”
9	姚冰馨	《小小少年》	四年级	国家意识之“国际视野”

《花的圆舞曲》这部作品，是芭蕾舞剧《天鹅湖》中的圆舞曲片段。在这堂课中，教师设计了多个环节，围绕育德点进行教学。在导入部分，教师绘声绘色地给学生讲起了《胡桃夹子》的故事，把学生带入了美丽的童话世界；紧接着欣赏动画版的《花的圆舞曲》，让学生通过视听结合进一步感受乐曲描绘的故事情节，并感受圆舞曲的魅力。在整个教学过程中，教师还注重学科德育教学策略的运用，从创造情景、师生合作表演歌曲、舞蹈律动学习，到创编表演，都紧紧围绕德育目标，不断地激发学生对圆舞曲的兴趣，学生也在体验和感受音乐学习快乐的过程中，不断拓宽音乐视野、感受多元文化，进一步提升欣赏能力和审美能力。

（3）文化自信

通过学习优秀的音乐作品，引导学生认识到国家语言是传达民族文化最为重要的工具，帮助学生在学习国家语言的过程中形成民族文化自信，帮助学生在历史背景和传统文化学习中形成历史文化自信，继承中华民族几千年积累的传统精华，大力弘扬以爱国主义为核心的民族精神，弘扬以改革创新为核心的时代精神。

研究作品如下:（7部）

序号	姓名	作品	年级	德育指向
1	宣 航	《灯碗开花》	四年级	文化自信之“国家语言”
2	刘思宇	《新春乐》	三年级	文化自信之“历史文化”
3	曹菲儿	《踏雪寻梅》	五年级	文化自信之“历史文化”
4	周妙淼	《庆丰收》	五年级	文化自信之“历史文化”
5	王 岚	《遥望我的蓝色星球》	一年级	文化自信之“时代精神”
6	王珏琼	《遥望我的蓝色星球》	一年级	文化自信之“时代精神”
7	张 莹	《少年中国梦》	四年级	文化自信之“时代精神”

《踏雪寻梅》这部作品，是1933年黄自先生受商务印书馆委托，负责设计和编订上海中学生教材，收录于《复兴初级中学音乐教科书》第三册中的，是黄自先生与其学生刘雪庵共同合作谱曲填词完成的艺术歌曲。黄自是我们上海浦东川沙人，是中国著名的作曲家、音乐教育家，是中国早期音乐教育影响最大的奠基人。在本课的教学中，教师在指导学生学唱的过程中保留传承优秀传统文化，并赋予新的时代内涵，培养和形成新的人格修养，逐步建立民族文化自信。在层层设问的推进中，爱国情怀得以升华，与时代音乐产生共鸣从而自然而然产生浓烈的民族自豪感和文化自信心，让新时代少年在心中种下一颗爱国的种子。

（4）公民人格

通过学习优秀的音乐作品，引导学生逐步养成健康的生活方式，认识、感悟生命的意义和价值，树立乐观、积极的人生观，引导学生树立规则意识，培养学生以诚待人、严于律己、诚实守信的意识和行为习惯，养成自觉承担对他人、集体和社会的责任与义务的良好品德。

研究作品如下：(6部)

序号	姓名	作品	年级	德育指向
1	韩笑	《欢乐的小雪花》	二年级	公民人格之“身心健康”
2	孙韵旋	《游子吟》	五年级	公民人格之“身心健康”
3	王岚	《上学》	一年级	公民人格之“守法平等”
4	柴颖佳	《闪烁的小星》	一年级	公民人格之“诚信尽责”
5	姚叶	《大鹿》	一年级	公民人格之“自强合作”
6	韩晗	《猫虎歌》	三年级	公民人格之“自强合作”

《欢乐的小雪花》这部作品，歌曲结构规整，旋律平稳，歌词纯朴，歌曲旋律首尾呼应，突出主题。一问一答的歌词更显出了孩子们的天真无邪。本课对应“公民人格——身心健康——生命与健康”这一德育目标。学生通过歌曲学唱，认识生命，逐步养成健康的生活方式。通过聆听、律动、演唱、演奏等音乐活动，感受小朋友不畏严寒，积极投入冬季锻炼的纯真感情，从而促进其热爱自己生命，树立积极人生观。

《猫虎歌》这部作品选自中国童话故事《老虎学艺》。本课指向培养学生良好的聆听习惯、歌唱习惯和合作能力，侧重于落实“在丰富的音乐实践、表现活动中，感受人与自然的关系”，“能在集体音乐活动中表现出自制、自控能力”，“能与同伴合作表演，运用听觉和动觉协调唱歌的音量、音色，和谐自信地投入集体音乐体验”三项学科德育核心要求。教师指导学生在学唱歌曲以及创编表演环节中，能展现自我、相互学习，学会尊重同伴、相互合作，逐步引导学生学会尊重他人，能与他人沟通合作，友善乐群。

（二）形成了4个典型的小学音乐学科德育教学策略

在多年的实践研究中，不断反思、提炼，总结出了4个比较典型有效的小学音乐学科德育教学策略。

1. 歌词分析策略

歌词分析策略的教学方式是根据音乐作品内容挖掘歌词内涵，通过朗读、朗诵、歌唱等方式，体会语言文字的魅力，抒发心中情感。

案例：《小小少年》

一、策略名称：歌词分析策略

二、策略释义：根据音乐作品内容，挖掘歌词内涵，通过讲解、讨论、诵读、加入音乐术语、歌唱等方式，体会语言文字的魅力，抒发、表达歌曲感情，落实育德点。

三、适用范围：适用于歌词饱 含德育价值的音乐作品。例如《小小少年》《雨花石》《爸爸的雪花》等歌唱作品和欣赏作品。有些作品歌词比较简单，但是蕴藏育德内涵，需要老师来挖掘、指导；有的作品歌词比较抽象，对小学生来说比较难以理解等等，这些作品都可以运用歌词分析策略。

四、操作方法

1. 围绕中心主旨，确立重点歌词

我们选择出来的这些音乐作品，都需要教师紧紧围绕歌曲的中心主旨，有侧重地确立重点歌词，深度挖掘歌词中蕴含的育德点，将具有德育内涵的歌词确立为学科德育的学习内容，从而展开歌词分析。

2. 注重分析方法，丰富学科活动

在开展歌词分析时，教师可以通过多种方法进行，比如：图片展示、视频资源、教师讲解、师生互议等。这极大程度上丰富了音乐学科的课堂活动。学生能在聆听、欣赏、讨论、思考等多种活动中，进一步感悟歌词背后蕴含的德育内涵。

五、注意事项

1. 教师在歌词分析的过程中，应重视学生情感的培养与提升。对于一首歌曲而言，歌词的语言之美在歌曲的旋律之美的衬托下会更加突出。分析歌词内容、朗读歌词等音乐活动能更深层地激发德育情感。

2. 歌词的分析不能脱离音乐作品本身。在分析歌词时，切忌咬文嚼字、雕章琢句，更不能脱离作品本身，我们要留给学生审美的想象空间，更要有真情实意的表达，唤起学生的共鸣。

六、课例说明

(1) 教学片段实录

实录一：

教学环节：学唱歌词（前半部分）

师：首先，请小朋友们来找一找歌词中哪些字表现了海因切“乐观”“开朗”“无忧无虑”的形象？

学生朗读、寻找歌词中能够表现主人公“乐观”“开朗”“无忧无虑”形象的歌词。

师：我们应该用怎样的声音来表现快乐的情感呢？

师生互动交流

师：歌词“很少烦恼”用轻快的、有弹性的、明亮的声音来演唱；歌词“眼望四周阳光照”可以做渐强处理

师：带着这样的感觉请同学们再次尝试着自己轻声念歌词

学生自主探索、尝试朗读

师：现在让我们跟着音乐，完整朗读歌词吧！

学生跟着伴奏音乐完整有感情地念歌词

师：老师仿佛已经看到了“活泼、开朗、乐观”的小主人公形象。现在就让我们跟着钢琴加入歌词来唱一唱吧！

……

实录二：

（三）学生自主，学唱歌曲后半部分

1. 教师范唱第二声部，学生聆听、辨别演唱形式

2. 播放视频资源，教师朗读歌词，讲解作品背景

3. 小组讨论，自主学习

（1）学生小组讨论

（2）自学歌词，尝试用声音表现音乐形象

（3）互评交流学习

（4）两声部合作演唱

……

（2）教学策略应用分析

在小学阶段的音乐作品里，有很多都是有歌词的，因为歌词能够比较直观、有效地帮助学生理解歌曲所要表达的内容与情感，从而在演唱时更好地表现歌曲。

《小小少年》是德国故事影片《英俊少年》中的一首插曲，歌曲所对应的重点内容是“国家意识”中的“国际视野”。通过欣赏国外经典电影片段，学习、演唱电影主题曲《小小少年》；拓宽对国外音乐作品的了解与认识，丰富学生音乐文化内涵的积累、提升，并且学习主人公乐观向上、热爱生活、不向困难低头的精神品质。这就是本堂课育德点。

第一个课堂实录是学习歌曲前半部分的歌词。

首先，通过教师提问，使学生带着问题来念歌词；其次，师生互动讨论，用怎样的声音来表现歌词；接着，学生进行自主尝试，看着歌词与音乐符号来朗读歌词，期间教师进行分析和指导；最后，教师再和学生一起做简单的动作，有感情地朗诵歌词。

整个“歌词分析”的过程一共用时2分钟左右，通过这样一步步层层递进细致地对歌词进行处理，学生已经能够初步理解歌曲所要表现的是一位积极向上、充满自信的阳光少年，为后续的歌曲演唱打下了良好的基础，同时也帮助学生更好地理解、表达歌曲情感，进一步落实育德点，做好铺垫。

第二个课堂实录是学唱歌曲二声部歌词的准备环节。

通过一个电影故事片段的微视频，联系主人公的经历，教师有感情地朗读歌词，并讲述作品的背景，以启发学生对歌词的理解、想象和对多元文化的思考。随后，教师引导学生再次进行讨论，思考如何从表情、音色、力度这三点音乐要素来塑造高低声部不同的音乐形象，从而更好地促进学生学唱歌词。

这两个环节都运用了“歌词分析策略”，并采用了两种不同的形式来进行歌词分析，这就需要我们老师合理运用“歌词分析策略”，在不同的教学环节，不同的课型上，灵活运用歌词分析教学策略，达到更好的育人效果。

中国古代的宋词、元曲均是歌词，除独立吟咏外，也可以配合歌曲以当时的发音来歌唱。由于歌词表达了歌曲的宗旨和灵魂，阐述的是一首歌所要表达的感情和内涵。所以即使年代久远，有的歌词也不容易忘记。有时候，我们回忆某个时期的音乐，能感动自己的往往是歌词。因此歌词分析策略，应该说是我们音乐学科特有的一个落实学科德育的策略。

2. 情景故事策略

情景故事策略的教学方式是要初步了解作品所要表现的意境，通过还原现场、模拟再现、讲故事等方式，来帮助学生体会作品内涵。

案例:《快乐的诺苏》

一、策略名称：情景故事策略

二、策略释义：情景故事策略是在音乐课堂上根据音乐曲目教学需要，利用声音、图像，视频、语言文字等系列综合手段构建或再现与音乐曲目所表现的情感和内容紧密相连的情境，以达到学生理解体会音乐曲目情感意象和内涵的教学方法。通过情景故事策略这一学科德育典型教学方式，学生能在与音乐作品息息相关的情境故事中，构建对音乐作品人文性、历史性、时代性背景的初步认识，并通过各项音乐体验活动的实践，理解学科德育在现实中的具体表现，从而加强自身对作品育德点的体悟。

三、适用范围：此策略使用的音乐作品常与学生的日常生活和当下认知距离较远，且具有故事情境的创编性，例如《快乐的诺苏》《妈妈告诉我一句话》《宜兰童谣》等作品。这些作品的历史背景故事深厚，其德育内涵对于小学生而言较难理解透彻，可以通过情景故事策略的引导和铺垫，开展学科德育研究。

四、操作方法

1. 结合作品材料，深挖德育内涵

对于适合开展情景故事法的音乐作品，教师应广泛搜集该音乐作品的相关资料，结合其创作背景、人文历史或演变过程，剖析蕴含在其中的育德点，将抽象的德育内涵化为具象的情境故事，开展音乐作品的情境故事创编。

2. 基于学情与德目，创编情境与故事

情境故事策略适用于一些与学生现实生活和当下认知距离较远的音乐作品。基于这些教材特性，教师在创设情境与创编故事的过程中，应紧密结合学生学情与德育目标，运用教师（或他人）口述、图片、视频等资源，以多种形式展现故事情境。

五、注意事项

1. 情景的创设应始终贴合学生学情与认知，故事的创编不能脱离音乐作品本身，从而达到德育目标在音乐课堂中充分落实。

2. 情景与故事之间是相辅相成的关系，情境的创设应贯穿教学始终，以不断落实德育的育人内涵；故事的演绎可作用于导入环节，起到抛砖引玉的效果，或在新授环节使用，以达到全程铺垫的效果。

六、课例说明

（1）教学片段实录

教学环节：导入

1. 初听乐曲，感受情绪

师：同学们听得很认真，谁来说说看，这首乐曲的情绪是怎样的？

生 1：我觉得是欢快的、热烈的。

生 2：我觉得是激昂的、兴奋的。

2. 揭示课题

师：是啊，彝族人民在演奏这首乐曲时，心情十分欢庆、快乐，刚才我们听到的乐曲，是由作曲家张式业改编的一首弹拨乐合奏，名叫——《快乐的诺苏》。可能有同学要问了，诺苏是谁？他为什么快乐呢？教师今天请来了一位彝族当地的小朋友，请他来给同学们讲一讲诺苏的故事吧！

3. 播放情境故事视频

观看小诺苏的介绍：同学们，大家好，我是来自彝族的小诺苏。彝族是我国第六大少数民族，具有悠久的历史和古老的文化。我们有自己的民族语言——彝语。在彝语中，我们会称呼自己为“诺苏”。彝族主要分布云南、四川、贵州等地区，我和我的爷爷都生活在这里。爷爷说，在旧社会，被落后制度压迫的诺苏们，经历过吃不饱、穿不暖的困苦生活。但彝族人民从来没有放弃对美好生活的向往。新中国成立后，彝族人民推翻了落后的制度，迎来了今天幸福、快乐的新生活。每年的农历六月二十四日，我们会举行彝族的传统节日——“火把节”。在节日期间，大家身着民族服饰，围着火把堆起的篝火，弹琴、唱歌、跳舞，庆祝着美好的生活。

师：谢谢小诺苏的介绍。现在我们知道了诺苏就是彝族人的自称，所以快乐的诺苏就是快乐的彝族人。诺苏们因为迎来了美好的新生活而感到快乐，他们唱起了这样一条2/4拍主题旋律，我们一起来欣赏一下吧！

（2）教学策略应用分析

《快乐的诺苏》原为舞蹈作品，后来舞蹈的配乐被改编成多种乐器的独奏曲以及民族弹拨乐曲等。乐曲富有浓郁的民族风格，充满舞蹈性的音乐给人一种轻松活泼的感觉，表现了彝族人民载歌载舞、歌唱美好生活的场景。

本课的教学内容为欣赏教学，为了能更好地调动学生学习积极性，启发学生感受乐曲中的德育内涵，在乐曲导入环节，我主要运用了“情景故事策略”。情景故事以视听结合的方式呈现在同学们面前，学生通过聆听小诺苏的故事，在小诺苏绘声绘色、童真可爱的讲述中，能初步了解彝族的发展历程和当地的风土人情，逐步知晓了彝族人民在中国共产党的领导下，通过大家团结一致的不断努力，最终翻身做主人的发展道路，进而在后续的学习活动中积极探索“快乐的诺苏”一词之含义。在课堂的导入环节使用情景故事教学策略，既能提高学生学习和了解民族音乐的兴趣，也能为后续教学环节落实德育目标打下坚实的基础。

（此案例由万科实验小学倪瑜薇提供）

3. 问题链策略

问题链策略的教学方式是通过学科德育教学设计中特有的“关键设问”这一环节，通过主问题、子问题等一个个问题，层层递进地帮助学生理解、感悟德育相关内容。它是学科德育课堂的重要策略。

案例：《遥望我的蓝色星球》

一、策略名称：问题链策略

二、策略释义：围绕教学目标的落实和教学内容的讲习而设计出层次清晰、相互关联的“问题链”，分为“核心关键问题”和“环节关键设问”。运用“问题链”逐级分解的方式，建立起教学内容结构化，体现教师对课时内容重点的把握。

三、适用范围：抽象的器乐作品、大型音乐作品的选段

四、操作方法

1. 针对课时教学目标和重点设计“核心关键问题”，给学生以明确的学习目标导向。

2. 根据教学内容设计“环节关键设问”，向学生揭示主要学习环节的内容要点和方法要领，给学生清晰的学习方法指导。

“核心关键问题”是提炼课时教学目标及其教学内容重点；教学环节的“环节关键设问”则是围绕教学内容重难点，根据“核心关键问题”逐步分解的，每一个“环节关键设问”对应着一个主要的教学环节及其流程、意图。

五、注意事项

1. 教师应该优先考虑教学目标、内容重点和课时结构。要基于课程标准的教学目标设计问题，防止出现“空洞”、针对性不强的问题。

2. 根据学生的学情设计问题，要符合学生年龄特点。

3. 问题的设计要层层递进，学生易懂，更要提高问题的有效性。

六、策略运用分析

教学片段一：

师：请听歌曲前奏，它带给你什么样的感受？

生 1：科技感、未来感、神秘感。

生 2：有一种漫步在太空的感觉。

师：音乐为什么会带给我们这种感觉？它使用了哪些音乐元素？

生 1：它使用了许多科技感十足的电音。

生 2：还有交响乐队，让人有一种在太空里遨游的感觉。

师：歌曲加入这些音乐元素后，让你联想到什么画面？

生 1：我仿佛看到浩瀚无边的宇宙，天空中有很多星星。

生 2：这样美丽的星空，我很想去太空看一看。

师：歌曲是用什么方式表达小朋友想探索宇宙的愿望呢？

生 1：歌曲里的小伙伴向宇宙行星问好。

生 2：我听到歌曲中的小伙伴在轮着唱，好像宇宙里的回声。

师：我们用歌声和行星问好，请你和教师合作，模仿宇宙的“回声”。

【教学策略应用分析】：

为了更好地调动学生学习积极性，启发学生感受乐曲中的德育内涵，导入环节，我通过师生谈话，创设“宇宙星空”的情景，抓住关键，巧设问题，激发学生对神秘宇宙的好奇心和探索的欲望。在用歌声向宇宙行星问候、模拟宇宙“回声”活动中，体会歌曲快乐的情绪，感受小伙伴对浩瀚宇宙的向往之情。好的关键设问，能“一石激起千层浪”，不仅开门见山地点明课题，还指出了学习的重点，更促使学生去开动脑筋，探求答案。

教学片段二：

师：歌曲第一段是小朋友在唱歌，第二段人声音色有变化吗？谁在唱歌？

生 1：这是大人在唱歌。

生 2：我感觉叔叔阿姨们也来到了太空。

生 3：这是男声和女声合唱，人声音色变得丰富了。

师：叔叔阿姨他们是怎样进入太空？我们从视频里了解一下。

师：经历了 42 年的漫长等待，2003 年，太空迎来第一个中国访客，我国宇航员杨利伟乘坐神舟五号登上太空。这是中国人依靠自己的力量把自己的宇航员送入了太空！终于实现了飞天梦想！请你听一听歌曲情绪上有什么变化？

生：更热烈、更激动。

师：每次看完视频，我和大家一样，都会热血沸腾。歌曲如何表达这种热闹的场景和激动的心情呢？除了男女合唱，你还听到什么声音？

生 1：我听到了悠扬的女高音。

生 2：女高音的声音让人听了心情激动。

生 3：我觉得歌曲用女高音的音色赞美了祖国航天事业。

师：这首歌曲选自大型舞蹈史诗《复兴之路》，我们一起去现场感受一下！

【教学策略应用分析】：

围绕本课难点“感受不同人声音色变化”，我分层设计了若干小问题，“歌曲带给你什么感受”“谁在唱歌”“人声音色有什么变化”“歌曲如何表达这种热闹的场景和激动的心情”等。以上问题由浅入深，环环紧扣把学生思维引入最近发展区，引导学生进一步体会乐曲中的德育内涵。

教学片段三：

师：相比宇宙，地球那么渺小，那我们为什么要去太空呢？

生1：探索未知的世界。

师：视频是我国“天问一号”火星探测器成功发射。这是中国航天技术发展的里程碑，它离不开几代中国航天人的艰苦奋斗。宇宙充满了未知。你能谈谈自己的“航天梦”吗？

生1：我长大后要去太空探索新的行星。

生2：我长大后要去太空做实验，种水稻。

生3：我要成为宇航员，到月球上去。

师：今天我们欣赏了歌曲《遥望我的蓝色星球》，了解了祖国伟大的航天事业。习近平总书记说过，发展航天事业，建设航天强国，是我们不懈追求的航天梦，核心技术必须掌握在自己手中，我们才能实现强国梦。我们的目的绝不是火星、月球，我们的目的是星辰大海！

【教学策略应用分析】：

在教学过程中我借助视频资源，带领学生了解宇宙知识、我国航天事业情况，感受祖国伟大的成就。在模唱旋律、对比聆听、律动等多种音乐活动中加深学生对“文化自信”中的“时代精神”的理解。课时结尾处，我设计了开放式的问题，让学生谈谈自己的“航天梦”，增强了民族自豪感，坚定了实现强国梦奋发向上的决心与信心。同时潜移默化地将从小立志“航天梦”，长大实现“飞天梦”的美好愿望浸润到孩子们的心中。

本节课，我运用“问题链”策略，根据学生已有的知识范围，抓住知识的重点和难点，在学生的“兴趣点”、理解的“疑难点”、思维的“发散点”上设问，通过关联性提问帮助学生深度理解了作品。

（此案例由建平实验小学王岚提供）

4. 创编演绎策略

创编演绎策略的教学方式是通过教师组织开展基于教学目标的音乐创编活动，学生在歌曲、乐曲、舞蹈等自主创编与演绎中，加强对作品的切身感受，进一步强化对作品育德点的理解。

案例:《在欢乐的节日里》

一、策略名称：创编演绎策略

二、策略释义：教师组织开展基于教学目标的音乐创编活动，学生在歌（乐）曲的自主创编与演绎中，加强对作品的切身感受，进一步强化其对作品育德点的理解。

三、适用范围：此策略适用于音乐作品中包含德育价值的、富于表现力且适于学生创编的歌唱课型、欣赏课型、舞蹈课型。例如《我们把祖国爱在心窝》《花的圆舞曲》《在欢乐的节日里》等作品。这些作品贴近学生生活，深受学生喜爱，学生易于开展联想、创编并进行综合表演，适合开展学科德育研究。

四、操作方法

1. 确定育德立意，挖掘适于学生创编的作品

德育涵盖的内容有很多，如思想品德教育，世界观、人生观、价值观教育，社会法律教育，爱国主义教育，健康心理教育，社会道德公约教育等。我们不可能在一堂课中面面俱到，因此教师首先要明确德育教学目标，其次挖掘分析教材中对应的德育因素，并将学科教材与德育素材进行融合，选择适于学生创编的作品。

2. 基于学情与德目，开展创编演绎

音乐创编包罗万象，如：歌词、舞蹈、节奏、音乐小品等，一切与音乐有关的创编皆可称为音乐创编。基于学生年龄特点与德育目标，对于小学生而言，歌词创编与舞蹈创编更易于学生操作。

（1）歌词创编

在小学阶段进行歌词创编一定要符合其年龄特点以及身心发展规律，且教师应多以鼓励性评价来激励学生创编信心。常用三种方法：替换法、改编法、自编法。

（2）舞蹈创编

舞蹈创编则需要在教师的指导下，根据歌曲或音乐的风格特点、创设的情境，运用已有的舞蹈经验，发挥自己的想象力，创编出新的舞蹈动作。教师应结合学生学情，从易到难，循序渐进。常用四种方法：模拟法、串联法、变化

法和自编法。

五、注意事项

1. 以落实德育目标为目的，设计的创编演绎教学符合学生学情，并在课堂实践中给予引导性指导。

2. 给予学生充分想象空间，对于学生创编的作品应给予鼓励性、建设性、可操作性建议。

六、课例说明

（1）教学片段实录

教学环节：印尼舞蹈学习及创编

师：你是不是也跃跃欲试了呢？那就让我们和印尼小伙伴一起舞动起来吧。首先，让我们来了解一下印度尼西亚舞蹈的基本姿态。手部：双手呈兰花指，大拇指向中指靠近，其余手指伸直上翘，双手合掌于胸前。

学生模仿教师动作表演

师：要注意上身，挺胸抬头，保持正直，头部端正，面带微笑。下身：双腿屈膝半蹲。怎么样，你学会了吗？

学生根据教师提示调整舞蹈姿态。

师：印尼舞蹈常用扭胯、绕手腕等动作，请你跟着教师学一学扭胯动作，注意双腿屈膝，左右交替扭动胯部。

学生模仿教师舞蹈

师：你们做得真棒，给你们点个赞！让我们跟着歌曲的后两句话加上手部动作跳一跳吧，

学生跟音乐舞蹈

师：你们的舞蹈真精彩，现在让我们加大难度来挑战一下，这次的舞蹈动作在扭胯的基础上，加上了左右移动和拍手，请你模仿教师的动作跳一跳。

生：模仿教师舞蹈

师：看来大家已经掌握了印尼基本舞蹈动作，接下来老师想请你们为歌曲的第一句话创编舞蹈动作，大家可以选择刚刚学过的动作，如：绕手腕、扭胯、手臂摆动等，让我们行动起来吧！

学生自行创编，教师巡回指导

师：教师看到了许多同学创编的舞蹈很有特色，让我们和印尼小伙伴一起开启今天的歌舞 party 吧！

……

（2）教学策略应用分析

著名思想家、政治家和教育家梁启超先生就曾提到过“国际视野”的概念：所谓“国际”，是为“他族”，所谓“视野”，是为“看见”，若是看不见别的文化，又如何看到自身发展的诸多可能？我想每一位公民应该在对本国文化充分理解的前提下，更多地理解和尊重不一样的文化背景和价值观。《在欢乐的节日里》这首作品，对应的重点内容是“国家意识”中的“国际视野”。通过欣赏、了解印尼风土人情、学习印尼舞蹈并开展创编《在欢乐的节日里》等集体音乐活动，学会在有序参与音乐活动的基础上，感受印尼音乐和舞蹈的魅力，激发学生对印尼传统文化及音乐的学习兴趣。

本课主要教学内容为舞蹈教学，为了调动学生学习热情，在教学中主要采取了“创编演绎策略”。课堂伊始，通过聆听印尼民歌《星星索》律动进教室，营造在美丽的湖上泛舟歌唱的情景，初步感受印尼歌舞的特点；在导入环节，我引导学生跟随图片了解印度尼西亚——这个被称为千岛之国的自然风光和人文知识。在学习简单的印尼舞蹈的过程中，感受印尼舞蹈的热情与魅力并初步尝试自由创编律动跟音乐舞动，鼓励学生在活动中发挥自己的想象力进行创编演绎。在课堂综合表演环节，运用“创编演绎策略”引导学生加深对印尼文化、舞蹈的理解，激发学生对印尼文化的学习兴趣。

（此案例由崂山小学柴颖佳提供）

（三）建立了小学音乐学科德育教学设计基本框架

我们课题组成员齐心协力，在不断的修改和完善当中，最终撰写了 27 篇富有学科德育特点的小学音乐学科德育教学设计，初步建立了基本框架。

具体如下：

教学设计基本框架	德育要素
课题:《××××》 【课　程】小学音乐 【教　材】上海音乐出版社《音乐》 【年　级】×年级第×学期 **【教学内容】**第×单元××教学《××××》 【教学任务分析】 1. 教材分析 2. 学情分析 3. 德育指向	"德育指向"明确了这部作品所对应的德育目标。
【设计思路】 一、作品与补充素材的德育开发 二、德育素材在教学环节中的落实	这二点主要阐述：如何挖掘作品和补充作品的育德点的内涵，以及育德点如何在课堂教学环节中的落实。
三、教学策略	这一点主要阐述：本节课运用的教学策略，以及如何运用，运用在哪个环节等等。
【教学目标】 1. 2. 3.	除了按照音乐学科的教学目标撰写之外，也加入了德育目标的撰写，以便于在课堂教学中，根据教学目标，来完成教学任务，最后检验教学目标的达成度。
【教学过程】 一、导入 学科德育教学说明： 二、新授 学科德育教学说明： 三、总结	在德育教学的环节，都要撰写"学科德育教学说明"，进一步阐述德育教学的内容和要求。

以作品《歌唱祖国》为例：

1. 在【教学任务分析】里，我们增加了一个"德育指向"，明确了这部作品所对应的德育目标。

【教学任务分析】

一、教材分析

《歌唱祖国》创作于1950年9月，王莘词曲，展现了中华人民共和国朝气蓬勃、蒸蒸日上的新面貌。在中国的重大升旗仪式（如国庆升旗仪式、天安门广场升旗仪式等）上，《歌唱祖国》常被作为出旗曲在国旗出场之前演奏。歌曲2/4拍，大调式，由主歌和副歌两部分组成。主歌部分的旋律充满豪情，节奏铿锵有力，表达了全国人民对祖国强盛的赞美之情。副歌部分旋律深情、音域宽广，用三段歌词概括了新中国成长的历史，表达了全国人民团结一心、对祖国繁荣富强的明天充满信心的情感。歌曲两部分主旋律在节奏、音调等方面形成了强烈的对比，不断交替，是一首具有深刻思想性和高度艺术性的祖国颂歌。

二、学情分析

三年级的学生经过两年《唱游》学习，基本已养成静心聆听音乐的好习惯，也已积累了一定的音乐感知、表达和想象能力，对于音乐学习也有着浓厚的兴趣。《歌唱祖国》是第五单元《祖国好》中的一首欣赏歌曲，歌曲创作于新中国成立初期，距离学生生活的年代较为久远，为了更好地帮助学生了解歌曲创作背景、理解歌词的含义，我加入了视频资料、引导学生相互交流来加深感受。由于这首歌曲经常在重大场合被用作礼仪音乐，学生对于歌曲的旋律较为熟悉，所以对比感知歌曲两部分的音乐情绪并不难，但由于歌曲音域较高，且为成人合唱版本，学生跟唱歌曲会有一定难度。

三、德育指向

《歌唱祖国》这一课对应"国家意识"中"国情观念"这一德育目标。学生通过聆听歌曲，观看视频，哼唱主题，朗读歌词，了解新中国的成长历史，感受中国人民勤劳、勇敢，自强不息的精神品质，以及祖国朝气蓬勃、蒸蒸日上的时代风貌，从而生发热爱祖国、赞美祖国的情感。

2. 在【设计思路】里，我们主要分三点来阐述。前两点主要描述如何挖掘作品和补充作品育德点的内涵以及育德点如何在课堂教学环节中的落实。第三点主要阐述本节课运用的教学策略，以及如何运用、运用在哪个环节等等。

【设计思路】

一、《歌唱祖国》作品与拓展素材的德育开发

《歌唱祖国》由王莘作词作曲，是一首爱国歌曲。因其明快雄壮的韵律而广为传唱，现在已经成为中国各种重大活动的礼仪曲、开幕曲或结束曲，素有"第二国歌"之誉。一曲《歌唱祖国》凝结了爱国之声、人民之心、民族之魂，传遍全中国，成为亿万中国人民久唱不衰、响遍神州的"金曲"和跨世纪的音乐经典之作。本课中，除原有的合唱版本外，我还选用了人民解放军军乐团演奏的铜管乐版本和北京奥运会开幕式中的童声独唱版本，由此让学生感受同一首歌曲在不同时代给予人们的精神与力量。

二、德育素材在教学环节中的落实

在本课中，我带领学生从聆听主歌入手，通过反复聆听、朗读歌词、哼唱歌曲，层层深入，引导学生感受歌曲强大的感召力和豪迈的爱国之情。在聆听副歌的三段歌词时，通过交流歌词、律动表演、配乐朗诵、拍手伴奏等形式引导学生感受中国人民从站起来到强起来再到对未来充满自信的时代风貌，激发学生对社会主义祖国的热爱之情和赞美之情，强化国家意识，深化国情观念。

三、教学策略

本课的教学内容为欣赏教学，为了能更好地调动学生学习积极性，启发学生感受乐曲中的德育内涵，在教学过程中我主要运用了“问题链策略”，并贯穿教学始终。由于整首歌曲篇幅较长，由主歌和副歌构成，副歌又有三段歌词，所以我采用分段—整体的欣赏方式，在充分感受主歌的情绪以及熟悉主歌的旋律后，通过对比聆听，律动表演等音乐活动，感受副歌的不同情绪。同时，在分段欣赏副歌三段歌词时，所提问题由浅入深、层层递进，促进对歌曲的理解和感受。最后，完整欣赏歌曲第三段，在歌表演中深化对社会主义祖国的热爱和赞美之情。

3. 在【教学目标】里，除了音乐学科的固有教学目标外，也加入了德育目标，以便于在课堂教学中，根据教学目标，完成教学任务。

【教学目标】

一、欣赏歌曲《歌唱祖国》，感受歌曲高亢的音调、铿锵的节奏和动人心魄的旋律，激发学生强烈的爱国主义情感。

二、能对比感知歌曲主歌雄壮、豪迈的音乐情绪与副歌优美抒情的音乐情绪，并哼唱主歌部分。

三、通过视听结合、哼唱歌曲、朗读歌词、律动表演等音乐实践活动，加深对主歌部分的记忆，理解三段歌词的含义，感受歌曲所表达的对中国人民自强不息的精神风貌和祖国蒸蒸日上面貌的赞美之情。

4. 在【教学过程】中，在德育教学环节，都有“学科德育教学说明”，提

出了 德育教学的内容和要求。另外，教学中利用“问题链策略”，提出“关键设问”，通过一个个问题，逐步实现德育目标。

【教学过程】

一、导入

1. 聆听国庆升旗仪式后天安门广场上响起的歌曲

2. 出示歌名，简介歌曲词曲作者，了解歌曲创作背景

二、欣赏主歌部分

1. 聆听乐曲，初步感知歌曲风格和情绪

关键设问 1：歌曲是几拍子的音乐？属于什么风格？情绪又是怎样的？

2. 跟着歌曲踏步走，体会歌曲的进行曲风格

3. 复听主歌部分，感受歌曲强烈的爱国情感

关键设问 2：最后两句为什么又重复唱了一遍？

4. 朗读主歌部分歌词

5. 哼唱主歌部分

（1）跟钢琴唱，唱准音高

（2）跟录音唱，加深感受

> 学科德育教学说明：
>
> 1. 学科德育教学策略：问题链策略。
>
> 2. 策略释义：运用层层深入的关键设问启发策略，引导学生在聆听中感受歌曲主歌部分雄壮、豪迈的情绪，在歌唱中感受祖国日益强盛，人民热爱祖国、赞美祖国的强烈情感。

三、欣赏副歌部分

1. 欣赏第一段

关键设问 3：这一部分的情绪和前一部分一样吗？

关键设问 4：你最喜欢哪句歌词？可以用动作来表现吗？

（1）聆听第一段，感受副歌部分抒情、优美的情绪

（2）交流歌词内容，说说最喜欢的一句歌词

（3）用律动和造型体验第一段

学科德育教学说明：

学生通过对比聆听，感受副歌部分节奏舒缓平稳、旋律优美抒情的特点。在交流歌词内容和律动表演的过程中，感受革命时期中华儿女势不可挡、阔步前进的气势，体会全国人民团结一心、坚强站起来的壮志。

2. 欣赏第二段

……

（此设计由进才实验小学李洁提供）

（四）积累了典型的小学音乐学科德育教学案例

通过几年的实践与反思，我们还积累了一批典型的小学音乐学科德育教学案例。这些案例主要分为“深挖教材中的德育价值”“凸显教学中‘学科德育’的特有性质”和“关注课堂中‘无痕德育’的落实效果”三个部分来撰写。从案例格式到撰写内容与重点，都是紧紧围绕学科德育如何在教学中落实以及产生了何种效果等来阐述的。

《童年多美好》学科德育教学案例

一、深挖教材中的德育价值

著名教育理论家苏霍姆林斯基曾说：“谁的童年被爱的阳光照耀着，那他就会互相创造幸福，就会对父母的言语、对他们善良的心意、对他们的劝导和赠言、对他们的温存和警告有着特殊的敏感和接受能力。”无独有偶，著名诗人、哲学家泰戈尔曾说：“孩子一开始必须通过对生活的热爱来获得知识，随后他们便会脱离生活去求得知识，再往后，他们又会带着成熟的智慧重返自己更为充实的生活。”由此可见，童年的那些伙伴和记忆是每个人一生中永远无法忘怀的时光，而这段时光也是会影响其一生发展的重要因素之一。给孩子一个充满美好回忆的童年是父母尤为关注的重点，也是所有教育从事者需要不断思考的问题。

《童年多美好》这首作品，对应的重点内容是“公民人格”中的“身心健康”德育目标。作为美育手段之一的音乐教育，它对于培养学生的高尚情操、塑造学生健全的人格修养，树立正确的审美取向起到独特的作用。我挖掘了素材中的德育要素，试图让孩子在丰富的音乐实践与表现活动中，感受与伙伴游戏、合作学习、快乐愉悦的童年生活，创造一段美好的童年回忆，激发热爱学习、热爱生活的美好情感，从而助力孩子快乐健康成长。

二、凸显教学中“学科德育”的特有性质

（一）学科德育的科学性

《童年多美好》是一首二段体结构、小调式儿童歌曲，旋律明快、活泼，节奏跳跃、轻快，歌词清新、朗朗上口，贴近学生生活，生动描绘了少年儿童甜蜜幸福、无忧无虑的童年情景。歌曲的前半部分节奏活泼、紧凑，歌词运用比拟的手法向人们诉说童年的欢乐情景。然后通过一句舒畅、优美的衬词，很自然、委婉地过渡到歌曲后半部分。后半部分旋律较为舒展悠扬，展现了对童年美好、甜蜜生活的赞美。同时，我还选用了2首补充素材。一首是罗大佑的《童年》，学生熟悉的流行歌曲，旋律活泼，节奏明快，描绘了童年时代的欢乐生活。另一首是《童年情景》视频，该视频记录了学生在学校与伙伴有趣的活动，如与伙伴一同游戏、阅读、生活等等，以实际发生的真实事件，引起学生情感上的共鸣，学生十分喜爱，从而许下与伙伴一起学习生活的美好愿望。

相互理解信任，相互支持帮助，友爱互助是一种很美妙的东西，可以让你在失落的时候高兴起来，可以让你走出困惑，去迎接新的人生。童年的那些伙伴和记忆是每个人一生中最难忘的时光，在这堂课中，我设计了多个环节，围绕“德育指向”，进行“身心健康”德育教学。如课堂导入环节，便借助学生《童年情景》视频配以《童年多美好》作为伴奏音乐，引起学生情感上的共鸣，对于伙伴一起学习成长建立兴趣。在歌曲学唱时，运用多种学习方式，如：集体学习、师生合作、同伴互助学习、自主学习等。本课中除教师评价外，多次引导学生互评学习，尝试让孩子在相互合作评价中提升音乐欣赏能力，进一步激发学生感受互相帮助的乐趣，建立团结友爱的美好情感，并积极行动。

（二）学科德育的社会性

本课主要教学内容为歌唱教学。为了调动学生学习热情，在教学中主要采取了“情景故事策略”这一策略。在导入环节，我邀请学生跟随视频《童年情景》一起活动，置身于欢乐的童年生活。在新授环节，我采用分段学习的方式，邀请同学参与音乐游戏“火眼金睛”与“山谷回声”，引导学生在愉快的

游戏情境中，体验与伙伴合作游戏的乐趣，从而对幸福的童年生活充满热情。在与伙伴互评交流的过程中，邀请学生先用鼓励的话语肯定对方的表演，再提出不足之处，大家对于与伙伴合作学习的热情非常高涨，并且乐于接受大家的点评。在作品情景模拟的过程中，学生能将所学的知识技能融会贯通、学以致用，通过综合表演进一步体会童年美好生活的音乐画面，将“公民人格”中的“身心健康”育德要点潜移默化地浸润到孩子们的心中。

附【教学实录】

1. 导入启发，体验交流

童年游戏活动的场景，孩子们十分熟悉，以学生日常生活场景视频导入，引起学生情感共鸣，对本课学习建立浓厚的兴趣。

师：今天柴老师要和大家一起分享一些我收集到的同学喜欢的娱乐活动，请你和小伙伴找一个空位，跟着视频中的同学一起活动好嘛？

播放视频，学生跟视频与伙伴互动游戏

2. 合作学习，实践体验

（1）合作游戏，互助学习

师：童年生活离不开愉快的游戏，今天我也给大家带来两个游戏，想先玩哪个？

学生自主选择游戏“山谷回声”与游戏“火眼金睛”先后顺序。

① 音乐游戏 1:“山谷回声”——学唱强弱对比“哎！啰喂”。

师：该游戏需要两个角色，分别是呐喊者及山谷回声，我先来扮演呐喊者，你们扮演山谷的回声。

运用强弱对比合作演唱。

② 音乐游戏 2:“火眼金睛”——学唱“童年童年多么美好，童年童年多么美好。”

师：这个游戏需要大家仔细寻找两句旋律不同之处，学学“齐天大圣”的火眼金睛本领。我来唱给你们听吧！

学生聆听教师范唱并寻找两句旋律不同之处。

（2）师生合作，对唱歌曲

师：让我们合作，请你演唱已经学会的红色部分，注意强弱对比，我来演唱剩余部分。

学生与老师合作对唱歌曲。

（3）合作互评，共同成长

师：在同学们团结合作，共同努力下，我们已经学会了整首歌曲，那接下来柴老师想请大家分组 pk，看哪一组演唱得更好！

学生分组演唱并相互评价。

3. 课堂总结，交流分享

师：今天，我们在课堂中，一同学习合作，学会了这首《童年多美好》，请你谈一谈有何收获！

学生各抒己见。

（三）学科德育的人文性

音乐课程的价值在于：为学生提供审美体验，陶冶情操，启迪智慧；开发创造性发展潜能，提升创造力；传承民族优秀文化，增进对世界音乐文化丰富性和多样性的认识和理解；促进人际交往、情感沟通及和谐社会的构建。通过音乐教学，以画面美、语言美初步引导学生感受合作互助的美好情感；以丰富有趣的学习活动引导学生体验合作互助的乐趣；交流分享树立合作互助的美好愿望，将合作互助的美好品质层层深入学生的心中，实现了本课德育教学的目标：教育学生热爱同伴、乐于与人合作互助，在潜移默化中达到音乐教育的最终目的——使美于无声处走进学生的心灵。

三、关注课堂中“无痕德育”的落实效果

音乐，是反映人类现实生活情感的一种艺术，音乐以情感人，情感体验是第一位的。在音乐教学中，通过音乐情感体验首先引起学生情感上的共鸣，从而激励学生乐于学习，在音乐学习中体验感受到美好的事物。著名教育家苏霍姆林斯基曾说“借助于音乐，唤醒了人身上关于周围世界和自身中崇高的、雄伟的、美好的东西的观念。”音乐教育是素质教育中“美育”和“德育”的重要因素，它对学生的道德修养培养是潜移默化的。

（一）深挖德育素材要素，落实德育教学目标

把握德育教学目标是第一步。在确定了德育教学目标后，如何能让德育教学在短短 35 分钟的音乐课堂中达到最大化，需要在深挖课本中德育素材的同

时，挖掘孩子现实生活中的德育素材，找到其中的最为紧密的联系之处，便能将德育教学更好地付诸实践。

在本课中，《童年情景》这一德育素材，便是通过视频记录的学生在校园中的活动情景。前期收集素材时，拍摄了很多学生校园活动，而最终选择的是那些美好的、愉悦的有益身心健康的片段。短片中的孩子正是课堂中的学生，学生在看到自己平时在校园中的表现，最能够引起情感上的共鸣，也让“身心健康”这一德育目标于无声处浸润了孩子的心灵，这一段美好的童年回忆是真实的，通过视频的再现加深了这段美好记忆，激发了学生热爱生活、热爱伙伴、热爱学习的美好情感，从而为健康快乐成长添砖加瓦。

（二）积极融入德育要素，丰富教学实践环节

1. 借音乐游戏之手，体验愉悦的学习生活

游戏是学生最乐意接受的活动之一，以合适的游戏取代苦口婆心式的说教，不仅能让课堂活动更愉悦，也能大大减少对于难点的学习所花费的时间。

本课中的两个游戏“山谷回声”与“火眼金睛”不仅为学生创造了一段美好的回忆，也在潜移默化中建立了“乐意合作”的愿望，在游戏中通过亲身体验与伙伴合作、与老师合作等带来的愉悦，感受到合作的魅力，定会在心中许下与伙伴互助合作的美好愿望。

2. 交流分享，互助成长。

（1）师生互动，因势利导

在课堂教学中，教师与学生之间的互动是必不可少的，也是教师有效引导学生学习的重要方式。它可以活跃课堂氛围，建立师生间良好的人际关系，而这样的关系在某种程度上会影响学生人格的塑造。教师在这个环节的设计是通过教师提问和学生回答来实现的，师生互动始终贯穿在课堂教学中，另外教师需要做到循序渐进，因势利导。

（2）伙伴互动，经验分享

四年级学生随着生活范围和认知领域进一步发展，体验、感受与探索创造的活动能力增强，在音乐学习、演唱、律动模仿、创作等能力上已经有了一定的基础，对辨别音乐的美也有了一定的能力。因此，我们在课堂教学中，尝试加入了合作比赛的环节。学生在比赛中能认真聆听对方的优点与不足，同时在

交流点评的环节，又能相互学习，将优点扩大，不仅提高了音乐学习兴趣，也提高了音乐综合素养。

我国伟大教育家、思想家孔子曾说："兴于诗，立于礼，成于乐。"音乐教育于学生而言，不仅是美的享受，更应该是在潜移默化中净化心灵，升华思想，完善人格的教育，这也正符合德育教学的目标。其实德育教学与音乐教学互为贯通融合，在课堂中并不一定需要照本宣科式的教育，音乐的各项学习环节，只要能多加思考挖掘，必将能够将美与善浸润孩子的心灵，助力孩子健康快乐成长。

（此案例由崂山小学柴颖佳提供）

六、研究小结

经过几年连续不断的实践研究，在课题组全体教师认真敬业的努力下，在区德育室专家的精心指导下，课题组完成了所有的研究任务，取得了一些成果。这些成果既富有音乐学科特点，又有明显的育人价值，现小结如下：

（一）学生初步建立了正确的三观

音乐教育是实施美育的重要途径，小学音乐学科德育实践，能使学生在感受音乐、掌握音乐基本知识和技能的过程中，进一步体悟其中蕴含的德育内涵。小学阶段的学生，对于世界多元文化以及多元音乐的纷繁复杂，缺少充分的审美与德育感悟的能力。课题组紧紧围绕学科德育目标，通过音乐课堂的教学实践，使学生不仅可以提高辨别世界多元文化和选择多元文化的能力，还可以通过音乐课堂对优秀文化、音乐作品的分析，提高探究和感知优秀文化、音乐作品精髓的能力。在认识和实践的过程中，教师也能进一步引导学生形成相对稳定的起主导作用的价值观念体系，逐步促进学生建立正确的人生观、价值观和世界观。

（二）教师不断更新了教育观念、提高了育人能力

对于教师而言，开展小学音乐学科德育研究，有助于不断更新教师在德育教学方面的观念，激发教师在学科德育教学上的能力与素养。教师在收集课内外音乐教学素材的过程中，通过分析、探究音乐与文化的内涵，能不断挖掘

其中蕴藏的德育价值。在多变的课堂教学中，教师通过营造丰富多样的课堂生活，能积极思考探索将学科德育落实无痕的有效方法。践行学科德育，能帮助教师不断更新现代课堂教学观念和教学理念，更能督促音乐学科教师不断提升自己的教育教学能力和专业素养。

（三）学校逐步形成了良好的学科育人氛围

在“全员育人”的教育时代，人人都是德育工作者，处处皆是学科德育课堂。通过音乐学科的课堂学习，在引导学生正确的价值观念体系与“三观”形成过程中，不仅构建了音乐学科的育人氛围，巩固了音乐学科的育人价值，同时还让学科德育、学科育人价值融入到语文、数学等每一门学科、每一个活动当中，丰富学生的校园生活，营造学校良好的育人氛围，做到校园有形、育人无形、润物无声。

专题论文

小学音乐德育教学策略初探

浦东新区三林镇中心小学　王珏琼

一、当前小学音乐德育教学存在的问题

（一）主课观念仍然存在

我国基础教育已经进行了深刻的改革，但是，在小学音乐德育教学中，有些教师还存在着一些主课观念。他们认为，德育教育在主课中才是应该重点体现的内容，在音乐教学中只要教会学生基本的音乐知识和演唱歌曲即可，这种观念使得小学音乐德育教学中，教师对德育教学的重视程度较低，对在音乐教学中开展德育教育的意识不强，使得德育功能很难在小学音乐学科教学中较好地体现。

（二）课堂德育教学模式单一

在当前小学音乐教学课堂中，音乐教师的教学目标大部分体现在让学生掌握一些基础的乐理知识和音乐技能上。在德育教学的设计上，模式较为单一，往往只是通过演唱歌曲或是欣赏作品的方式来进行德育教学，教学设计的重点大多在唱和学上，缺少多样化的教学环节让学生通过音乐学习达到表达自己情感从而升华到德育教育的程度。

二、小学音乐德育教学的意义

（一）能让学生体会到生活的丰富多彩

随着我国“双减”政策的出台和落实，学生的学习压力有了一定程度的减

轻，从而有时间把兴趣放到自己喜欢的方面来。对于音乐这门学科来说，更多的学生参与到音乐学习中来，不仅可以提升学生的道德情操，也能让学生的压力得到进一步释放，让学生感受到生活的多姿多彩。

比如在教授一年级第一学期第二课《我们爱国旗》和第五课《小雨沙沙》这两首歌曲时，学生在感受歌曲情绪的同时会激发他们对大自然的热爱和尊重国旗、热爱祖国的思想感情。在小学音乐的德育教学中，感受这两种类型歌曲涉及到的教学内容有很多，学生通过这些歌曲可以更强烈地感受到世界的多姿多彩，帮助他们树立正确的人生观、世界观和价值观。

（二）能培养学生的责任意识

在小学音乐德育教学中，责任意识的培养也是该学科德育教学的一大意义所在。通过小学音乐的德育教学，学生的集体意识和社会意识等会得到提升，特别是热爱祖国的情感和社会责任感会大幅提高。比如在教授二年级第二学期第八课《只怕不抵抗》这首歌曲时，学生可以通过该歌曲的学习了解到抗日战争那段烽火岁月，让他们对这段历史有个简单的了解。在学唱歌曲中，学生也能感受到战士的那种英勇善战和不怕牺牲的英雄气概。在这样的歌曲学习中，学生的爱国情怀和社会责任感会得到提升，情感也会得到更大的升华，德育意义凸显其中。

（三）让学生养成感恩的生活态度

感恩的生活态度对学生形成正确的价值观和培养良好的行为习惯有着十分重要的作用。目前许多学生都是独生子女，个人意识比较强，缺少集体生活的体验，因此在小学音乐德育教学中，可以让学生充分感知感恩和付出的意义。比如在教授五年级第一学期第三单元《我爱米兰》这一歌曲时，学生能从歌曲中感受到老师对教育的默默付出和对学生的关爱，从而激发学生的感恩之情，逐步养成正确的生活态度。

三、小学音乐德育教学实施的策略

（一）挖掘音乐作品的背景知识

音乐作品是艺术家进行艺术创造的成果，蕴含着他们丰富的思想情感。在音乐教育中，我们可以选择恰当的作品题材，挖掘其中蕴含的思想主题，对学生进行德育教育。首先，教师要对教材的内容进行深入钻研，以教材为主要内容，分析挖掘教材中的德育因素，再通过音乐的形式呈现，培养学生的民族情感、爱国情怀等，增强学生的主人翁意识。比如在学习《长城谣》这首歌曲时，教师先收集歌曲的背景材料，以多媒体的方式展现出来。日寇侵略了东三省后，大量的关外人民背井离乡，在这种背景下，歌曲表达了苦难大众要打回关外去，抗击日寇，保卫家乡的愿望。通过欣赏歌曲，引导学生感受歌曲的主题，树立热爱祖国、热爱家乡、关心国家兴亡的意识。最后让学生尝试演唱歌曲，在歌曲的演唱中再次感受为了实现民族复兴而努力学习，贡献自己力量的思想感情。在感受、聆听、歌唱的过程中，提升对歌曲主题的感悟，激发学生的爱国情怀。

（二）挖掘优秀音乐作品的丰富内涵

现行小学音乐教材中，有很多内容健康向上的歌曲，它们是对学生进行德育教育的优秀题材，在教学中教师要充分发挥音乐的德育作用，增强教育的实效性。在教育过程中，发挥音乐的育人功能，有利于提高德育教育的效果。例如在教授一年级第二学期第六课欣赏《遥望我的蓝色星球》这一歌曲时，教师以神秘的宇宙为导入，带领学生从了解宇宙知识到在音乐中遨游太空，激发学生对浩瀚宇宙的探索和向往。在聆听歌曲两个部分的同时，引导学生在音乐情绪的变化中感受歌曲情感的升华。最后运用“中国航天事业发展”的拓展视频，进一步浸润德育教育，激发学生“文化自信”和“时代精神”。通过这样听赏、歌唱、律动、创编演绎等音乐活动，学生充满了对祖国航天事业的自豪感和荣誉感，了解了伟大的航天精神，利于从小树立远大志向，长大为祖国的航天事业贡献力量。

（三）充分运用浸润式教学模式

在小学音乐教学中，教师可以运用浸润式教学使学生了解祖国的优秀文化、悠久历史，培养他们热爱祖国、热爱家乡的高尚情操，深化对国家和民族的深厚情感。比如在教授三年级第一学期《歌唱祖国》这首歌曲时，教师先通过播放嫦娥一号探月卫星从月球上传来的歌曲视频，让学生直观地感受到我们国家目前在航天领域取得的成就。再通过反复聆听、朗读歌词、哼唱歌曲，引导学生感受歌曲强大的感召力和豪迈的爱国之情。最后通过歌词交流、律动表演、配乐诗朗诵等活动引导学生感受中国人民从站起来到强起来再到对未来充满自信的时代风貌。通过这样的音乐体验，激发了他们对社会主义祖国的热爱之情和赞美之情，强化了国家意识，深化了国情观念，增强了学生的时代责任感和历史使命感。

像这样的教学内容在小学音乐教材中还有很多，比如在教授《我和我的祖国》《妈妈教我一支歌》等歌曲时，教师可以让学生了解近代中国的历史，激发学生热爱祖国的思想感情，将中国人自强不息的精神潜移默化地浸润到他们的心中，对学生进行国情教育，使音乐学科的德育教育在感受和表现中落到实处。

（四）紧抓学科特点开展德育教育

音乐是表达人物思想情感，调节情绪的有效方式。音乐作品所蕴含的德育内涵是通过具有艺术感染力的表现方式来呈现的，通过一定的情境、音乐的语言、角色的表现等渲染方式进行演绎，从而帮助学生通过直观的聆听、赏析获得德育感受。教师要在日常教学实践中充分抓住音乐学科的特点潜移默化地开展德育教育，让更深刻地理解音乐所要表达的思想感情，教导学生从音乐中了解人生，认识真善美，帮助学生更加准确地理解和表现音乐内容，促使其建立正确的三观。在音乐教学中设计学科德育主要环节时，教师要深入分析音乐作品的表现特点，把握音乐作品的本体特征，特别是能直观体现德育核心要求的相关要素，比如歌词内容、体裁特点、作品内涵、人文特征以及音乐时代与创作背景等，基于学情，以学生的心理需求为本，准确地把握音乐所要表现的具体形象，充分向学生展示音乐作品所具有的感染力与表现力，引导学生深刻理解音乐内涵，敢于表现音乐，以多样灵活的方式开展教学，在体验中实现音乐课堂德育教育的有效性。

综上所述，小学音乐德育教学对培养学生国家意识和道德情感，对学生全面发展和综合素养的提升有着十分重要的意义。随着我国教育的不断改革，小学音乐德育教学的作用也越来越突出。小学音乐教师要结合小学生的身心发展特点，遵循德育规律，在音乐教材中充分挖掘德育教学的素材，培养学生主体意识和责任感；要善于运用多种德育教学的策略来进行教学，让学生在音乐学习中感受到音乐魅力，提升自身的道德品质，从而使德育教育内化于心，外显于行。

小学音乐课堂教学中培养学生规则意识的研究

浦东新区建平实验小学　王　岚

《音乐课程标准》明确规定："通过生动活泼的音乐实践活动，激发学习音乐的兴趣，形成良好的学习习惯与方法，在自信、有表情的歌唱中，加强合作与交流，体现群体意识和协调能力，增强集体主义精神。"

正所谓没有规矩不成方圆。成年人要遵守一定的社会规则，进入小学的孩子也要遵守学校的规则。规则意识的培养是帮助孩子顺利开展各项活动的基础。没有规则意识，不懂得遵守规则，想怎么做就怎么做，想唱就唱，那么教学活动就无法正常开展……规则是任何活动得以顺利开展的前提，规则的应用是活动成功的关键，但这又是极有可能被忽视的一个教学设计环节，因为教师往往会把大量的时间和精力花在活动内容的设计上。

刚入小学的孩子是一个充满活力和具有很强可塑造性的生命阶段，他们憧憬着遇到亲切的老师、友善的伙伴和有趣的学习内容。但有些孩子在唱游课中经常出现"不遵守规则""无规则"现象，究其原因：一是缺乏良好的倾听习惯；二是规则意识模糊；三是在活动中容易过度兴奋，让规则"荡然无存"。老师应该帮助他们了解音乐课堂的学习规范，例如游戏的规则、同伴相处的规则、集体活动的规则等，学习自律和尊重他人，主动表达自己的音乐学习愿望，懂得聆听他人的感受。我以上海音乐出版社九年义务教育课本第一单元"上学"为例，谈谈自己如何在小学音乐课堂中培养学生规则意识。

一、巧用游戏创设情境，帮助学生建立规则意识

一年级的学生刚刚离开幼儿园，他们好动、好奇、好模仿，对于规则的认识非常浅显，理解能力有一定局限性，对老师、学习内容以及学习环境完全陌生，如果老师反复用语言直白地强调规则，不但不会激励学生更好地遵循规则，还会让其失去对音乐游戏的兴趣。如果没有一个良好的活动常规，在活动的组织中会出现空间的纷乱状态。建立游戏化的课堂常规，使师生达成良好的默契，让教学在热而不闹、活而不乱、收放自如的管理中进行。

【课堂实录一】：游戏“对对碰”——认识自己的座位

（课前准备，根据授课班级，预先分出小组数及每组人数，然后按照每组人数确定卡纸的颜色种类，依据小组数剪出不同形状）

1. 选择卡片

师：老师这里有不同颜色的卡片，请你拿一张你喜欢的颜色卡片。

学生根据自己喜欢的颜色，挑选一张拿在手里。

师：谁能告诉我，你手中的卡片是什么形状的呢？

生：三角形、圆形、方形、五角星形……

2. 组成小组

师：现在我们玩一个“对对碰”的游戏，这里有五种贴着不同形状卡片的凳子，请找到和你手里形状一样的凳子，然后安静坐下。

3. 熟悉座位

师：告诉老师，你的座位在第几组第几个？

【课堂实录二】：游戏“小猴爬楼”——学习课堂礼仪

1. 出示小猴和楼梯的图片

师：我们玩一个“小猴爬楼”游戏，请你仔细听这两段音乐，想想哪个音乐片段表现小猴子上楼？哪个音乐片段表现小猴子下楼？

2. 老师用钢琴弹奏一段上行音阶和一段下行音阶。

3. 学生听完交流。

师：上行音阶——小猴上楼　**1 2 3 4 5 6 7 $\dot{1}$**——起立

下行音阶——小猴下楼 $\dot{1}7654321$——请坐。

4. 学生听音乐起立和坐下。

我们采用游戏“对对碰”“小猴爬楼”，帮助学生熟悉“音乐教室”，认识自己的座位，了解自己的同伴，学习课堂基本常规。在学习听上下音阶起立和坐下的环节中，教师采用游戏巧妙地建立起听音乐指令行动的规则，一年级学生很多基本的教学常规不懂，静心聆听音乐是学生最先需要的音乐行为习惯，正确的行为准则。

二、依托小组合作方式，帮助学生理解规则意识

心理学家指出，儿童社会化的发展终结在善于协调各种关系，并在一定社会秩序中达到相对自治，这是一种相互作用的关系。在教学中依托小组合作学习，让每个学生都有均衡的学习机会，从而达到个体与集体学习的统一。但我们开展小组合作活动时常会出现失控现象——小组合作活动变成了漫无目的的“玩”，这需要教师帮助学生在小组合作中理解规则意识，逐步养成独立思考的规则、分组的规则、交流的规则。避免小组交流时盲目从众的现象，学会倾听别人发言，避免不必要的争论。只有遵守合作规则，学生才能扮演好自己喜欢的角色，这种自觉遵守规则的意识为今后遵守社会规范、适应社会秩序打下了良好的基础。

【课堂实录三】：学习律动“飞”

1. 师：春天到了，小鸟飞来了，谁能模仿小鸟飞的动作？

2. 学生即兴表演，老师进行舞姿和步伐指导。

a. 双臂膀上下飞舞

b. 双臂平举做平衡状，半蹲飞

c. 踮起脚尖飞

d. 转圆圈飞

3. 师：每组可以创编一至两个队形进行组合，用双臂上下飞舞的动作，由教室后方飞到指定位置形成队形，你们试试看吧！

4. 学生分组讨论、排练、创编队形、摆造型，老师指导和点评

在分组创编环节，教师的组织与语言的引导非常重要。分组前一定要将游戏规则说清楚，让学生按着步骤来进行模仿和创编。低年级学生组织和合作能力有限，容易发生意见分歧，此时教师可以用生动的语言引导，“小鸟是我们人类的好朋友，它们的窝不是最美的，但它们用小泥球一点点筑成，多么团结和有耐心呀！”学生明白只有在组员共同努力下创编出自己的律动，才能获得成功和喜悦。由于律动时学生需要四散活动，因此教师要注意培养学生良好的律动习惯和空间感觉。在学“小鸟飞”时，教师应强调和小伙伴保持一定的距离避免碰撞，可以用“飞行技术高的小鸟是不会和其他小鸟撞在一起的”这种儿童化、形象化的语言引导学生的活动行为，建立良好的活动习惯，创设良好的课堂氛围。

三、善于运用角色扮演，帮助学生强化规则意识

综合表演时，教师要有意识地加强学生的规则意识，可以组织他们讨论集体活动时应该遵守的规则，还可以让学生担任某些任务，如：小组主持人、检查员、汇报员等。小组合作不仅可以加强同伴之间的相互监督，而且让学生了解规则无处不在，养成一种与集体协调一致的观念与技能。

【课堂实录四】：创编情景表演《上学去了》

1. 观看视频（播放小学生背着书包上学的片段）

师：让我们看看画面上的这些小朋友都在干什么？你怎么看出来的？

生：去上学。

2. 交流

师：你早晨是怎样来学校的呢？你的心情是怎样的？上学的路上你会遇到谁？

生 1：爸爸妈妈开车送或走路，我很开心。

生 2：我会遇到幼儿园的小朋友，遇到指挥交通的警察叔叔。

3. 演一演

师：你们说得真好，谁能把自己上学时的快乐样子表演给大家看吗？你可以找一个好朋友一起表演。

老师引导学生再现早晨上学的快乐情景，指导小朋友合作表演。如：

a. 表演爸爸妈妈送孩子上学的情景（车子的喇叭声，自行车的铃铛声）。

b. 表现互相再见的情景（学生和家长再见的情景）。

c. 表现校门口遇到好朋友的情景（互相手牵手进校门）。

d. 表演早上进校门和老师问候的情景（老师主动引导参与其中表演）。

4. 老师讲解表演的要求与顺序

5. 师生共同表演

6. 交流和同伴合作表演的感受

这是一个综合性的创编合作表演，一年级学生对综合表演形式好奇又兴奋，也有一点害怕和不习惯，《上学去了》情景让学生交流自己的感受特别贴切实际，也能表现他们当下的心情，再让他们创编表演自己上学的情景就水到渠成了。老师要做的是，引导他们如何去创编表演，如何去和同伴合作表演，如何在表演中分配任务和角色。这里需要老师把要求、表演的顺序和学生讲清楚，让学生了解一定活动规则。每个人都遵守集体规则，友好合作，才能使表演顺利进行。

四、采取表扬激励措施，充分发挥教师引导作用

规则对学生来说就是日常行为规范，规则的建立有益于促进学生的身心健康发展，帮助学生养成良好的学习和行为习惯，我们应该恩威并施，将规则意识深入人心。学生只有认识到规则可以协调自己与同伴的关系，活动才能进行得更顺利，并且能减少矛盾和冲突。在游戏过程中，学生往往会为了追求胜利而打破游戏规则，这需要老师通过"角色示范""语言暗示""表扬激励"的方法，奖励学生游戏时间或者小红花以示鼓励。对违反游戏规则的学生，则停止游戏一次，以示警告。我认为适当的奖励与处罚能有效帮助学生记住规则，自觉控制自己行为。

【课堂实录五】：欣赏"快乐的早晨"

1. 游戏"小耳朵大比拼"

出示"耳朵"的图片，并提问。

师：小朋友们，这是什么？有什么用？

2. 学生交流，老师总结

师：你们说的都不错！我们的小耳朵能听到许多声音，现在老师就请你们闭上小眼睛，仔细地听听老师对你们说了些什么？看看谁的小耳朵最灵！

3. 聆听《快乐的早晨》引子

师：你们每个人都有一双灵敏的耳朵，下面老师请你们闭上小眼睛静静地听一段音乐，想想这段音乐好像表现了一天中的哪一段时间？把我们带到了哪里？

4. 学生认真听完后回答

这一阶段的学生比较好动，不容易安静，教师可用轻轻的声音对学生说“你真棒，你真行”等，夸夸孩子的语言，让孩子意识到，安静地聆听就能听到老师对自已更多的鼓励和表演，有助于他们养成安静聆听老师课堂语言的习惯。

规则是相对于自由提出的一种约束和限制，是帮助人们和谐生活的一种良好的规范和秩序。只有在有规则的前提下才能真正合理、有序地发展学生的各项能力。培养学生的规则意识是一个长期的过程，我们应该充分了解学生的心理和年龄特点，从学生喜爱的游戏出发，将规则渗透到学生喜爱的活动中，帮助学生树立良好的规则意识，重视孩子任务意识、规则意识的培养。

《上海市小学音乐（唱游）学科学习准备期教学指导意见》指出：教师要关注学生学习兴趣、学习习惯养成，行为习惯培养以及师生情感交流。作为音乐课程起始阶段的“学习准备期”，在遵循音乐学科本质规律和凸显音乐课程本体特性基础上，应从“彰显学科育人价值”的视角，挖掘学科与人的内涵与价值。以多种方式引导学生体验并理解基本的社会行为规范，建立正确的是非观念和规则意识，使他们从小知道事事有规则，人人有任务，个个有责任，为他们以后面对各种挑战做好准备。

让“美德”之花，在音乐的土壤中落地生根

浦东新区崂山小学　柴颖佳

孩子的教育问题一直是在热搜榜上拥有一席之位，而其中孩子的“健康”是所有家长最为关注的，这里所说的“健康”并不仅仅指身体上没有疾病和衰弱的良好状态，而是身体上、精神上的完满状态，以及良好的适应力。在整个社会关注道德进步、关注青少年儿童道德成长的大背景下，如何能把孩子培养成一个“健康”的人，是所有“教育者”不可推卸的责任，也是我们每一位教师值得研究的课题。

教育二字，拆开理解便是教书、育人，在实施教育的诸多途径中，课堂教学是最基础的形式，教师既要将学科知识传授给学生，同时还要将孩子培养成拥有“美”与“善”品质的公民。这也就要求教师不仅要重视学科教学，更是要将德育放在第一位。《音乐课程标准》中所指出音乐课程应在潜移默化中培育学生美好情操、健全人格和以美育人的功能。

一、明确德育教学目标，寻找学科与德育的融合点

德育涵盖的内容有很多，如思想品德教育，世界观、人生观、价值观教育，社会法律教育，爱国主义教育，健康心理教育，社会道德公约教育等。我们不可能在一堂课中面面俱到，因此教师首先要明确德育教学目标，其次挖掘分析教材中对应的德育因素，并将学科教材与德育素材进行融合，从而在课堂中进行德育教育。

1. 以学生现状为着手点

以学生现状为着手点，进行德育教学，是最有效也是最能引起学生共鸣的。教师需要分析学生现状，选择需要解决的德育问题，可以从真实发生的事件、学生普遍存在的问题或突发事件等入手，分析问题或事件产生的原因，思考解决问题处理事件的策略，确定德育教学目标，之后再选择合适的教材并分析挖掘音乐教材中对应的德育因素进行教学设计，最后在课堂中实施德育教育。

如一年级第一学期《一对好朋友》这一课，我便是观察到了学生在学校中发生的真实事件为契机，确定了“身心健康——合作互助”这一德育目标进行德育教育的。给大家带来我看到的一个场景：学校课间有水果或酸奶发放，每天都有 2 位固定班干部前往领取全班份额并带回班级，有些高年级的孩子力气大，一个人就能完成工作，一年级的两位同学商量之下也学着一个人完成，一个不巧，同学没拿稳，全摔在了地上，在食堂负责老师的帮助下，两人才合作着互相帮助一起搬回教室……

这样的场景，相信许多老师都不陌生，现在的孩子大多是家中的独生子，与他人互助合作的机会较少，两个孩子并非不愿意互相帮助，他们只是不知道合作是解决问题的好办法。针对这个现象，我挖掘了《一对好朋友》这一教材中对应的德育因素，而这首歌曲正是展现了两位小主人公小伢伢与小妞妞相互帮助，一起唱着歌回家的动人场景。在学唱歌曲的过程中，通过合作互助完成歌词填空、用强弱对比的方式合作演唱歌曲、师生合作对唱歌曲、同伴合作综合表演歌曲等环节，学生亲身体验并了解合作互助是解决难题的一个好方法，感受合作互助的乐趣。通过丰富的课堂音乐实践活动，“合作互助”的美德在学生心中留下烙印，学生也在最后的交流分享中纷纷表现出愿意与伙伴互帮互助、快乐成长的意愿。

2. 深挖课本中的德育素材

每一门学科都有其实施德育的空间，有些学科看来是训练学生的技能技巧，其实，稍加钻研，就可以发现其中同样蕴藏着极其丰富的教育因素。音乐教育，对于培养学生的高尚情操、塑造学生的健全人格，树立正确的审美取向能起到独特的作用，德育教育和学科教育应是相互融合、共同发展的。

在课题小组的共同努力下，结合音乐课本教材，我们挖掘到许多德育素材，明确了德育目标。如：一年级第一学期《我们爱国旗》确立的德育目标便是“通过演唱国歌和学习其他短小爱国主义题材的歌曲，懂得尊敬国旗与国徽，在头脑中形成国家的观念。”二年级第一学期《同唱一首歌》确立的德育目标是：通过听赏、演唱表现“美丽山河”“美好祖国”等题材的短小歌曲，感受祖国发展为我们带来幸福生活，用动情的音乐表演抒发幸福之情，热爱之情。三年级第一学期《阿细跳月》确立的德育目标便是：“通过欣赏、演唱少数民族乐曲，学习简单民族舞蹈动作，了解各民族音乐所包含的地方民俗与人文风情，产生对各民族音乐的学习兴趣。”四年级第一学期《唱京戏》确立的德育目标则是通过学唱简单、短小的地方戏曲唱腔片段，体会并初步了解音乐旋律所展示的语言特点，对戏曲作品产生浓厚兴趣。四年级第二学期《小小少年》确立的德育目标是：通过欣赏、演唱短小的世界名曲，了解音乐家的生平事迹、创作背景和时代、民族、国家等文化背景，对其产生学习兴趣。五年级第一学期《妈妈教我一支歌》确立的德育目标则是：通过爱国主义题材的音乐作品学习，感受作品表达的“没有共产党就没有新中国”及“党是太阳我是花”的道理。五年级第二学期《长城谣》确立的德育目标是：通过欣赏、唱爱国主义、集体主义题材的音乐作品，了解音乐创作背景中所表现的中国共产党带领人民自力更生、艰苦奋斗的历史故事，感受作品对伟大革命精神的赞颂之情，并联系生活理解当代背景下继承优良革命传统的重要性。

由此可见，实施德育教育，教师既可以以学生现状为着手点，同时又可以挖掘研究教材中的德育素材。只要能找到学科知识教学与德育教学的融合点，便能将德育教育于我们的课堂，于无声处浸润孩子的心灵。

二、课堂实践，德育在音乐课堂教学中的融合

随着教育资源的普及，人们文化程度虽然提高，但仍有不少人对德育的理解，不过是班主任在班会课堂上苦口婆心的教育，是道德与法治课堂中的知识，只要教过了、讲过了便是实施了德育。还记得刚接触这一课题时的我，也曾有过这样的想法，音乐课堂中说德育，好似是“天方夜谭”，但经过了几年

多在课题组的研讨、实践，我逐渐明白，“德育”这颗种子，其实已经在音乐课堂这片土壤中扎根了，无论是欣赏教学还是歌唱教学，每一个教学环节中都有德育的影子，也都能让“美德”之花盛开。列举几个我在课堂实践中实施德育教育的环节：

1. 导入环节

柏拉图曾说：“良好的开端，等于成功的一半。”几乎所有课堂的开始都先从导入环节进入，这段注意力最集中的“黄金时间”便是实施德育最开始的地方。如四年级第一学期《童年多美好》这节课中，我便是通过自制的《童年情景》引入，短片中的孩子正是课堂中的学生，学生看到自己平时在校园中的表现，最能够引起情感上的共鸣，激发了他们热爱生活、热爱伙伴、热爱学习的美好情感。再如三年级第一学期《阿细跳月》这节课中，通过彝族风土人情图片导入，学生通过图片欣赏了解彝族自然风光、特色服饰以及“阿细跳月”由来，激发了学生了解彝族文化的兴趣。

2. 歌曲学唱

乍看之下，歌唱与德育似乎没有关联，但在学唱歌曲的过程中，正是体现德育教学的最佳实践之所。如三年级第一学期《哦，十分钟》这节课中，通过合作互助完成口琴吹奏学习、合作用连贯与跳跃对比的声音演唱歌曲、与伙伴合作综合表演等，不仅让课堂教学丰富多彩，更是让孩子在歌唱学习中，体会与伙伴合作的乐趣，也建立了与伙伴互助的美好愿望，让“自强合作”这一德育指标在课堂中落地开花，达到了预期的德育教学效果。再如一年级第二学期《闪烁的小星》这节课，从欣赏歌曲熟悉旋律、跟钢琴哼唱旋律到学唱歌词、歌曲演唱处理等，一步一步，循序渐进地引导学生学习歌曲，有序参与音乐活动，让孩子懂得“诚信尽责”从点滴做起。

3. 课堂总结

课堂总结，是完成课堂教学任务的最后阶段，也是教师将德育教学进行教育、升华最重要的一步。如一年级第一学期《一对好朋友》这节课，我便是在学生讨论总结中结束的。我向学生提了 3 个问题：“今天在课堂上和小伙伴、老师合作学习，你快乐吗？”“平时你们在生活中有没有相互帮助呢？”“你能说说谁帮助了你吗？”学生对最后一个问题的回答是最让我印象深刻的，他们将自己对伙伴的感激之情通过质朴的语言讲述出来。有同学说:“我最喜欢的朋友是小王同学，我之前铅笔笔芯断了，不能写字，是他主动借给我一支。”有同学说:“之前我有题目不会，我去问小周同学，她很耐心教我。”还有同学说:“我有一次没有带勺子，中午吃饭的时候我的同桌陪我一起去食堂问老师借。”尽管都是一些“小”事，但在孩子眼中，这就是从互相帮助建立的最纯真的友情。这样的德育教育，想必要比说教有效得多。

著名特级教师于漪老师曾说:“德育重在融合，是水乳交融，而不是油与水的关系。”的确如此，离开了德育的教学是盲目的，离开了教学的德育是空洞的。教育是把人的灵魂、精神用力往上拉，引向真理世界；知识、技能是帮助灵魂攀升的阶梯。所有的教师都应不断地寻找和钻研实施德育的最有效方式，将其永远都放在教育的首位。我想只要我们脚踏实地，以生为本，勤教学、苦钻研，一定能让“美德”之花，在学生的心中盛开。

情景故事策略在小学音乐欣赏教学中的运用与实践

——以《快乐的诺苏》一课为例

浦东新区万科实验小学　倪瑜薇

苏霍姆林斯基曾说过："对于艺术，特别是音乐，道德内容是其灵魂，是其存在的意义。"音乐学科不仅是美育的重要组成部分，也是德育教育有效的实施途径之一。以音乐审美为核心，以兴趣爱好为动力，以面向全体学生为主导，以注重发展个性为出发点，在音乐教学中激发学生音乐学习兴趣，掌握音乐基础知识和技能，培养学生积极向上的生活态度，培育学生对政治认同的国家意识，是我们每一位音乐教师应当积极思考的育人方向。基于这一认识，我结合情景故事这一学科典型教学策略，以"政治认同"中"发展道路"为德育目标，开展了音乐作品《快乐的诺苏》欣赏教学。

一、作品与学情分析

本课欣赏的乐曲《快乐的诺苏》是由作曲家张式业改编的弹拨乐合奏，富有浓郁的民族风格。在简短、热烈的前奏之后，用彝族人民最喜爱的乐器——月琴奏出音乐主题。音乐主题为 8 小节，曲调短小、流畅，富有舞蹈性的音乐给人一种轻松活泼的感觉，表现了彝族人民载歌载舞、歌唱美好生活的场景。《快乐的诺苏》原为舞蹈作品，后来舞蹈的配乐被改编成手风琴、古筝、二胡、钢琴等多种乐器的独奏曲以及民族弹拨乐曲等。"诺苏"一词是彝语的音译，意即“彝族”,“快乐的诺苏”即“快乐的彝族人”。该部舞蹈作品表现了民主改革以后，凉山彝族人民打破千年的奴隶枷锁，成为掌握自己命运主人后的自由、幸福和快乐。

乐曲《快乐的诺苏》前身是一部由冷茂弘先生编导的舞蹈作品。1959 年，为了庆祝中华人民共和国成立 10 周年，由凉山彝族自治州文工团演出的彝族舞蹈《快乐的诺苏》登上了民族音乐舞蹈晚会，给观众留下了非常深刻的印象。活泼、轻快的舞蹈动作，流露出彝族人民对幸福生活的热爱。随后，处于大山深处的彝族音乐和舞蹈很快传遍了全国，在 20 世纪 60 年代一个时期内，形成了各个民族艺术团体都在争跳“诺苏”的局面。弹拨乐合奏《快乐的诺苏》作为小学音乐三年级第一学期第一单元“来跳舞”中的一首欣赏作品，其创作背景具有学科德育的科学性、社会性、人文性，也非常适合运用情景故事这一策略开展欣赏教学。

三年级的学生通过两年唱游课的学习，已经积累了不少民族音乐的相关知识，具备一定程度的音乐欣赏能力。如，在二年级欣赏《民族舞曲联奏》时，初步了解了蒙古族、维吾尔族、朝鲜族、藏族、汉族的舞蹈音乐的特色和各民族舞蹈的特点。此外，三年级第一学期的学生不仅能做到安静聆听歌（乐）曲，还能运用语言和肢体动作表现音乐，具有一定的音乐表现能力，但在音乐的联想能力和对音乐节拍的感知能力上需要教师积极引导。在“来跳舞”单元中，学生已经欣赏和学唱过维吾尔族、土家族的民族歌（乐）曲，但对于彝族这一民族还较为陌生。因此，我以乐曲标题中“诺苏”一词为切入点，与学生一同探索“诺苏”的德育内涵。在本课中我主要运用了情景故事策略，激发学生对我国民族文化的热爱，推动学生在学习、欣赏音乐文化的过程中理解各民族在发展道路上对国家意识的政治认同感，

二、巧创情景故事，落实德育目标

情景故事策略是指课前教师通过深入剖析音乐作品的创作背景，结合欣赏作品中蕴含的德育目标，创设符合教学目标的情景故事。学生能在情景故事中潜移默化地感受作品的育德点，构建对作品人文背景的初步认识，并通过各项

音乐实践活动，逐渐形成对各民族发展道路在现实表现中的认同感。

结合作品创作的历史背景，我在导入环节运用情景故事策略，创设了“快乐的诺苏”情景故事。首先，借助多媒体设备，塑造了一个小诺苏的卡通人物形象，请“他”为同学们讲述彝族的发展历史和风土人情。在小诺苏的故事中，彝族的文字、语言、传统节日娓娓道来，学生通过聆听小诺苏的介绍，能对彝族当地的风土人情和民族历史有一个初步的了解，以此激发起探究“诺苏为何而快乐”的学习兴趣。随后，在完整聆听乐曲的过程中，学生能结合诺苏的故事，初步感受乐曲所表达的彝族人民选择正确的发展道路后，摆脱奴隶枷锁、迎来美好生活的喜悦之情。巧设情景故事，既能提高学生学习和了解民族音乐的兴趣，也为后续教学环节中不断落实德育目标打下了基础。

三、巧设情景教学，立足学科本体

在新授的过程中，教师应结合学生学情设计教学活动，将每一个教学环节环环相扣，有机整合教学重难点与育德点。对于三年级的学生而言，听辨音乐的节拍变化有一定难度。因此对于乐曲第二部分的节拍变化，教师可以组织开展一些立足学科本体的教学活动，在情景中激发学生对于乐曲变化的感知。例如，学生可以用声势律动的方式，通过拍击乐曲节拍，感知乐曲情景的变化，并运用律动表演，结合音乐情景，将彝族人民对未来生活的美好期待表现出来。在律动表演的过程中，学生能更加切身地感受彝族人民对美好生活的向往与憧憬，进而体会音乐所表达的彝族人民歌唱美好生活的真挚情感。这些立足学科本体的教学活动，既达成了本课的教学目标与重难点，也积极落实了本课的德育目标。

四、巧构情景课堂，深化德育无痕

适时适度地开展学科德育，将德育无痕深化至课堂的每一处，是学科德育中人文性的体现。在本课的综合表演环节，学生通过创编小乐器伴奏，进一步体会彝族人民迎来新生活的欢喜之情。随着音乐声的响起，学生们有的踏起了彝族晃步，有的舞动起手里的串铃，有的哼唱起欢快的主题旋律，师生们用载歌载舞的方式点燃了课堂气氛，欢乐之情尽在不言中。在创编与表演的过程中，教师也给予学生自主创编、自由联想的空间，学生能在和乐融融的气氛中进一步体会到音乐所表达的彝族人民歌唱美好生活的真挚情感。教师是课堂的参与者，也是学生学习活动的组织者、引导者、合作者。构建平等和谐的师生关系，营造良好的音乐课堂氛围，不仅能起到无痕深化德育的作用，也让德育教学落实到课堂的每一处。

五、反思与展望

在全员育人导师制全面推广的新时代，人人皆是德育工作者，处处都是德育课堂。小学音乐作为美育的重要组成部分，是落实学科德育的重要途径之一。作为音乐教师，我们应当运用音乐学科的学科性，深入挖掘歌曲中内在的德育价值，以达到学生能在潜移默化中陶冶情操、启迪心灵的育德效果。在备课和执教的过程中，我有所获也有所思。

首先，作为一名音乐教师，我们要学会合理分析教材，结合德育目标撰写和设计教学内容。在教学过程中，情景故事策略起到的作用是能将音乐情景和德育教学融为一体，通过创设音乐情景，学生将置身于音乐之中，并在教师的引导下，深度感受音乐中蕴含的德育内涵。在设计教案时，我们可以选择合适的补充作品以丰富课堂，合理运用好有效素材，以达到教学视听的丰富性和多样性。这样才能更好地调动学生的主观能动性，激发学生的创造力和学习兴趣，从而将音乐作品中蕴藏着的德育价值以更加精彩、生动的形式呈现在学生面前。

其次，在开展音乐教学活动时，教师也要有意识地形成自己的教学风格和特点，用自己的教学魅力来感染学生，营造良好的课堂氛围。通过组织有学科趣味性和技能实践性的音乐活动，学生能在其中不断提高探究能力和审美能力，感受音乐之美。因此在教学时，我们要做到胆大心细，学会在课堂中放手，积极引导学生在探究与实践中所有收获，不能因为担心学生出错而牢牢抓住每个环节不肯放手，要给予学生更多自主探究、自由联想、自信成长的空间。

学科德育是一项细水长流、持之以恒的工作，在今后的教学中，我会不断探索小学音乐作品背后蕴含的德育精神，紧紧围绕小学音乐的学科特点，思索行之有效的教学策略，将无痕德育进行到底！

以乐育德　擦亮音乐教学的底色

浦东新区观澜小学　金佩红

爱国主义是社会主义核心价值观中最深层、最根本、最永恒的情感。作为中华民族精神的核心，爱国主义是中华民族团结奋斗、自强不息的精神纽带，它也深深根植于中华民族儿女们的心中。爱国主义精神的基础和底色，是深厚的国家意识。因此，培育学生爱国意识是学校教育的重要方面和责任担当。

中小学音乐课标中明确指出：音乐课程对学生情感体验、乐观态度、学习兴趣、审美情感、文化理解方面的培育价值，同时也鲜明地突出了爱国主义精神的培育。作为音乐教师，我们该如何让爱国主义进音乐课堂、进教材、进头脑？如何让爱国主义教育与丰富的音乐实践活动巧妙结合，培养和激发学生爱国主义情感？总结参与学科育德课题研究实践，谈一谈自己的认识和一些实践。

一、转变育人观念，提升育人能力，用爱国点亮课堂

课堂是核心素养培养的主阵地。学科育人是课堂教学改革的方向。不论哪一门学科，教师都应肩负起培育学生精神成长的职业使命。一部分音乐教师学科育德意识薄弱，认为爱国主义与自己学科没有多大关系，侧重音乐知识技能的培养而常常忽略了对学生音乐情感的启发，正是由于这种错误认识，让许多学生在音乐课堂上失去了许多接受爱国主义教育的良好机会。

在学校教育教学中，各学科育人的功能都不是单一的。在课程改革理念的引领下，音乐学科在“培养人”的教育中发挥着越来越重要的作用。音乐老师

要明确知晓音乐学科具有学科德育、学科美育和创造力培育的育人价值，要紧跟时代步伐，重视和挖掘音乐育人功能，用音乐讲好爱国主义故事。

音乐老师要让自己成为学生进行爱国主义教育的重要推动者。自己不仅要具备扎实而丰富的音乐专业知识和能力，还应当在不断学习中打开学科视野，提升自身综合素养。比如跨学科知识运用的能力、善用互联网思维和新媒体语言的能力、收集素材、编辑制作微视频的能力、课程实践和课程开发的能力等等。音乐教师要以音乐教育为手段，以乐育德，以乐润心，增强学生爱国情感的体验和国家意识的培养，从而实现学生在情操与品格上的培养，而这些都是新时代音乐老师"培育人"的责任和使命。

二、挖掘教材内涵，抓住育人要素，凸显音乐文化立意

音乐老师要明确音乐教育并不是音乐家的教育，首先应该是人的教育。音乐教育是学生形成良好世界观、人生观和价值观的重要一环。小学音乐教材中，爱国、爱家乡、爱集体、爱自然、爱学习、爱劳动、爱科学、树立远大理想、继承革命传统，尊敬师长、互助友爱等作品，利于从多角度帮助学生形成高尚的道德品质。音乐教师在教学设计中除了要分析作品的音乐本体，厘清知识技能外，还要分析、挖掘作品的音乐内涵与背景，厘清音乐情感线索和音乐文化立意，合理制定并落实好音乐学习的情感态度、价值观目标，设置有效的教学环节，将学科育德作为音乐教育主要实践内容之一，让学生在音乐体验中感受独特的情感引导，在育人无声中实现音乐对学生的家国教育。

国歌、国旗是国家的象征和标志。在低年级的音乐课堂中，音乐老师就开始带领学生欣赏国歌、理解国歌、记住国歌、懂得热爱和尊重国歌。而传唱、唱好国歌，规范普及国歌演唱礼仪，更是各年级深入、持久、生动开展爱国主义教育的鲜活教材。音乐老师要重视国歌育人内涵的充分挖掘，这对于激发学生爱国情感、培育和践行社会主义核心价值观都具有重要作用。

在诸多表达热爱祖国的歌曲或乐曲中，许多优秀的音乐作品鼓舞着一代又一代的中国人，选择直接抒情爱国、爱党情怀的歌曲更容易让小学生理解，如一二年级的《我们爱国旗》《我们把祖国爱在心窝》，中高年级的《歌唱祖国》

《我和我的祖国》《国家》《祖国，你好》《妈妈教我一支歌》《雨花石》等。音乐老师要根据学生的年龄和认知特点，选择学生喜欢且适合学生的音乐作品。

“五星红旗迎风飘扬，胜利歌声多么响亮，歌唱我们亲爱的祖国，从今走向繁荣富强。”这首在中国大地广为传唱的经典歌曲《歌唱祖国》是由作曲家王莘创作的。歌曲反映了中华人民共和国成立之初，伟大祖国朝气蓬勃、蒸蒸日上的崭新面貌，记录了刚刚解放的中国人民建设社会主义的有力步伐和喜悦、振奋的心情。在《歌唱祖国》这一课中，老师通过挖掘作品背后的创作背景以及词曲作者王莘的创作小故事，以富有年代感的纪录片视频片段，将学生带进那个特殊年代，使学生真切地感受当年作曲家坐着火车看越过高山、越过平原、跨过奔腾的黄河长江，情不自禁写下了对祖国大好河山的赞美和热爱的三段歌词。通过“听、动、演、赏、诵”等多样化音乐活动体验，带领学生多层次感悟，加深对作品情感的深刻理解。

三、抓住音乐要素，丰富实践体验，感悟爱国主义精神

音乐作品本身蕴含着诸多情感的本体要素，如音乐要素、音乐情绪、基本情感、思想内涵、音乐风格特点等。一、二年级，教师可以从音乐情绪、音乐形象的体验方面去引导学生感悟作品内涵。三—五年级，教师可以从音乐要素、音乐风格特点、速度、力度、音乐作品创作背景等挖掘人文内涵。

《歌唱祖国》是三年级的欣赏作品，乐曲第一段情绪雄壮有力，旋律平稳流畅，歌唱伟大的祖国走向繁荣富强；第二段节奏舒展平衡，旋律优美流畅；第三段为再现部分。整首歌曲首尾相顾、富于变化，有一种浩浩荡荡、昂首挺胸、阔步前进的气势。在本课的教学设计中，老师以聆听、哼唱、律动、情景表演、打击乐伴奏、朗诵、造型表演等学生擅长的音乐表现方式，以对比感知乐曲在速度、情绪、旋律上的不同变化，结合对音乐要素的体验，使学生在歌声中感受祖国繁荣富强、欣欣向荣的景象，继而油然而生出对祖国的热爱和赞美之情。

四、拓展德育资源，开发校本课程，优化爱国教育资源

随着现代社会艺术活动的日益丰富，学生更多的体验机会来之于社会生活，音乐的姊妹艺术如“戏曲”“舞蹈”“歌剧”“音乐剧”“影视”等。这样多源性的艺术体验丰富了学生的精神世界，唤起了学生热爱艺术，热爱生活、热爱祖国的高尚情操和艺术创造的热情。音乐教材中的民族音乐、戏曲音乐等也蕴含了丰富的民族文化，是音乐教学中非常重要的教学内容和德育资源。音乐老师要挖掘教材中的作品资源文化内涵，要善于利用身边的优秀文化资源，开发承载爱国主义教育的校本课程来增强音乐教育的感染力，帮助学生拓展文化视野。

音乐学科教育承担着音乐文化传承的使命和任务。戏曲是中华民族的传统艺术，而乡音乡情是中国人寻找情感寄托、身份认同和精神归属的精神家园。如何以时代精神激活中华优秀传统文化的生命力？在音乐课堂上，老师可以通过对国粹京剧的介绍及其经典名段的赏析、脸谱绘画的实践、唱段身段的体验，帮助学生感受京剧的魅力。同时，可以结合“家乡的戏曲—沪剧”为主题，开展家乡戏曲“沪剧东乡调”的探索。教师可以开展沪剧微课程开发，学生以学习任务单开展戏曲项目化学习，以“课内教学 + 课外信息”开展合作探究学习，以学生戏曲小报、戏曲思维导图制作、教师微视频制作、微课程开发、师生戏曲展示馆参观实践等多样体验活动，强化学生对国家民族文化的认同感、归属感、尊严感、荣誉感，使学生树立正确的民族观、国家观、文化观。这些丰富的体验活动正是爱国主义教育的良好载体。

又如，《义勇军进行曲》是聂耳最重要的作品，具有新时代重要的爱国主义教育意义。老师抓住这个重要德育素材，巧妙开发了《聂耳与他的歌》的文化主题课程，围绕主题，选取三首学生熟悉的聂耳创作的典型歌曲，加以拓展、丰富，又抓住国歌发展的重要年份，将道德教育、历史教育、技能教育巧妙融合在音乐教学中。在拓展德育素材基础上开发校本微课程，很好地优化了爱国教育资源。

爱国是一种精神，更是一种永不磨灭的情怀。祖国和我是一种密不可分的

关系。每个人都要懂得个人的命运都和自己的国家紧密相连，国家的兴衰也影响着我们每一个人。爱国，就要爱党、爱社会主义，这样的爱国主义才是鲜活和真实的。无论哪个时代、哪个国家，唯有让爱国主义精神牢牢扎根，才能培养出担当民族复兴大任的时代新人。

青少年是祖国的未来，民族的希望，是爱国主义教育的重中之重。课堂是学校育人的主阵地。教育工作者，都有积极担负起爱国主义教育的职责，老师要时刻擦亮课堂育人底色，让爱国主义教育进课堂、进教材、进头脑，帮助学生树立国家意识，增进爱国情感，不断创新教学方法和教学手段，将课堂内外资源，线上线下活动有机融合，以丰富多样的爱国主义教育实践活动，将爱国主义教育贯穿青少年成长的全过程和课堂教学的各环节，让爱我中华的种子埋入孩子们的心灵深处，让爱国主义情怀转换成爱国主义行动，在勤奋学习、努力工作中砥砺奋斗，共同书写精彩人生。

小学音乐教学中培养文化自信的教学策略研究

——以四年级《采茶舞曲》为例

浦东新区民办正达外国语小学　林莹珠

习近平总书记在中共十九大报告中指出：文化是一个国家、一个民族的灵魂。文化兴则国运兴，文化强则民族强，没有高度的文化自信，就没有中华民族的伟大复兴。

文化自信的内涵丰富，既包含着热爱国家，又包含着对中华优秀文化的信心；既包含着对中国五千年辉煌历史的崇敬，又包含着对当下中国飞速发展的自豪。文化自信是中国走向“大国崛起”，实现“中国梦”的重要精神根基，在基础教育阶段注重培养学生的文化自信尤为重要。

音乐作为一门艺术学科，它蕴含着丰富的文化元素、历史内蕴和教育资源，反映着时代文化的发展脉络，彰显着一个民族的情感和精神。民歌、民族舞蹈、音乐故事等，这些都是进行文化自信培养的重要教育资源，在学习音乐的过程中，可以深刻感知一个民族对美的创造能力，一个民族的智慧结晶。

《采茶舞曲》由周大风作于 1958 年，原为越剧《雨前曲》主题歌及舞蹈配乐，后根据歌曲改编成舞蹈小品《采茶舞》。“采茶”原是中国一种民间歌舞体裁，流行于南方产茶区，用于表现种茶、采茶的欢乐情绪。这首采茶舞曲保持了民间采茶歌舞的基本风格，2/4 拍，采用民族五声调式，曲调欢快跳跃，再现了采茶时热闹、愉悦的场景。

四年级学生已经具备了一定的欣赏能力，能通过音乐基本要素初步感知作品，并产生听觉、联觉的反应。但是由于年级的增高对于音乐的表现会有畏难情绪，特别是四年级的男生。老师需要针对这一年龄阶段学生的身心特点进行教学设计和引导，促进他们的感知与表现。对于民族民间音乐欣赏，四年级的学生有一定基础，但是对越剧的曲调和江南民间音调则是第一次课堂接触，借助民歌版本的学唱可以帮助学生进一步感受江南音调的特点。

《采茶舞曲》这一课对应的是“文化自信”中“历史文化”这一德育目标。中华民族优秀的传统文化，是中国最深厚的文化软实力。保留其精华，深入挖掘其合理内核和基因，并赋予其新的时代内涵，使这首音乐作品具有很强的代表性。在这节课中，孩子们感受了浙江民间音调特点，体验了江南人民种茶劳动及对生活充满热爱的音乐形象，了解了浙江地方方言的魅力，感悟了名人故事蕴含的民族精神。将听觉、联觉与动觉联动，达到了综合的音乐体验。结合作品背景介绍，加深了音乐文化的理解与渗透，从而充分发挥出小学音乐教学在培养学生文化自信方面的优势。通过鉴赏中华名曲、听唱经典民歌、学习民族舞蹈、了解音乐名人，逐步实现了文化自信培养的落地生根。具体策略如下：

一、鉴赏中华名曲，在视听盛宴中领略国乐之美

中国有着五千年的文化，其中音乐文化也是源远流长。师生在作品赏析中一起来品味中华文明独特的思想情境、艺术情感，领略中国传统文化的博大精深、丰富多元是非常有效的途径。国乐中最能体现中华文化传承和美学内涵的就是对“意境”的创设和表达。了解了中国的音乐，才能真正了解中国几千年文化的精神。

整节课以 2016 年 G20 峰会文艺演出《最忆是杭州》中的片段欣赏为导入，通过让学生欣赏大型水上情景表演交响音乐会，初步感知到作品《最忆是杭州》中所蕴含的“西湖元素、杭州特色、江南韵味、中国气派”，极其震撼。充分向学生展现了“华夏之魅”与“东方格调”的智慧结晶，诠释了中华国乐的绚丽多彩和艺术绝伦，让学生在视听盛宴中领略国乐之美，感受中国元素的独特魅力，从而产生文化自信。

二、听唱经典民歌，在天籁之音中传承民族音乐

在新授环节，根据乐曲结构特点，设计了符合学生学情的学习活动。教学环节环环相扣，将教学重难点与育德点有机融合。例如：通过听辨主奏乐器，了解《采茶舞曲》体裁；尝试方言哼唱歌词，感受乐曲轻快、流畅旋律。在立足学科本体教学活动的同时，增加对浙江民间音调特点的体验。

中国地大物博、民族众多，各地民歌有着鲜明的地域特色，如草原的牧歌、陕北的四季歌、四川的劳动号子、江南的小调等，都蕴涵着丰富而深刻的情感。通过听唱经典民歌，可以让学生感受不同地域、民族的特色，了解他们的生产、生活方式，对于弘扬民族艺术、振奋民族精神、提高民族认知、传承民族文化具有重大现实意义。

三、学习民族舞蹈，在翩翩舞姿中播撒文化火种

1950年代，在毛泽东同志所提倡的“双百”方针指引下，涌现出了大批具有浓郁的民族、地域特色，洋溢着时代气息，反映人民精神面貌的优秀舞蹈。它们不仅为广大群众喜闻乐见，而且在国际文化交流中，很好地树立了我们的民族形象。

在本节课中，根据学情的特点和歌曲创作背景，教师构建了平等和谐的师生关系，营造了良好的音乐课堂氛围，创设了采茶的劳动场景，启发学生用肢体语言去模仿、去想象，感受欢快、热闹而又辛勤的劳动场景。用“先学后创”的方式培养学生的韵律感、节奏感，提升对音乐的审美能力、创新能力，切身体验江南人民种茶劳动的生活状态。通过引导，学生逐步感受舞蹈中蕴涵的民族文化内涵，加深了对历史文化的理解，增强文化自信的同时体现了教师的人文关怀。

四、了解音乐名人，在历史故事中感悟民族精神

整节课以歌曲的创作背景为线索，让学生详细了解歌曲的由来，增进了学生的学习兴趣。课后小结中教师又采用课后学习任务的方式，让学生通过自主的查找历史资料，去发现周总理和这首《采茶舞曲》的深厚渊源，从而了解名人，在他们的故事中去感悟民族精神。

生活在新时代的学生，面对新的时代使命，同样需要勇往直前、不屈不挠的勇气和精神。在我们的音乐教学中，通过丰富多样的教学活动，基于学生的思维模式与认知层次，让学生从本质上认识中华民族文化，感受中华文化的魅力，从内在生发、激活学生的文化自觉意识，推动学生进行文化自信的抒发表达，构建文化认同、文化自觉、文化自信。

德育视角下小学音乐课堂教学的实践探索

浦东新区竹园小学　曹菲儿

《音乐课程标准》中指出，小学音乐教育是以学生为对象，以音乐艺术为载体，以审美教育为核心的基础教育。音乐同时属于美育领域，在教育改革不断深化、素质教育全面推进的当下，音乐课程的德育作用也作为核心素养的培养而被重视起来。坚持以社会主义核心价值体系为导向，挖掘音乐作品所蕴含的德育元素，把立德树人作为实施美育的主要途径和内容，不仅为学生提供了审美体验，还在启迪智慧、陶冶情操、促进人格完善和良好道德品质养成方面起着不可或缺的作用。那么在德育视角下教师如何利用辅学手段，因乐施教，以美树人，以德育人对小学音乐课堂教学进行探索和实践呢？我认为可以从以下几个方面进行努力和尝试：

一、关注教材本身，丰富教学形式

教材是教师进行教学的依据，德育浸润的质量与音乐教材的选择和使用紧密关联，如果没有正确研读教材而使用，那音乐课堂的教学一定难以发挥其德育功能。所以，要充分重视教材的基础性作用，教师在使用音乐教材前，应做好充分的准备工作，在充分理解音乐教材基础上，方才可以在教学过程中有创造性、个性化地开展教学活动。通过对音乐作品背景性知识的深入了解和搜集，帮助教师更准确地挖掘音乐教材中的德育内涵，以此作为德育浸润的切入点。在实现音乐德育的教学实践中，教师也可尝试丰富多样的教学手段，以生动、活泼、新颖的教学方法不断将德育有机地浸润到教学的每个环节当中。比如：在课堂导入环节，故事讲述、情境描绘、小游戏互动等教学手段不仅对激发学生的学习兴趣有很大作用，融合课堂氛围的渲染更有利于铺设德育知识点，浸润德育价值。教师可以结合教材内容，将音乐与名人、音乐与历史、音乐家趣闻逸事等讲给学生，引起学生的情感共鸣。如：音乐家聂耳的故事、电影《红星闪闪》与红星歌、电影《祖国的花朵》主题曲《让我们荡起双桨》、新中国成立后音乐大家乔羽、刘炽等等这些人和事都饱含正能量，对孩子美好情操的陶冶和道德养成具有潜移默化的作用。

二、创设音乐情境，营造德育意味

教师利用多种教辅手段展开情境设计能够快速启动学生学习思维，形成更多学习内动力。教学启动后，教师适时进行学情观查、融入德育教育内容，营造良好学习氛围。例如四年级教材《苗岭的早晨》，学生初次聆听时一般会通过乐曲欢快、活泼的旋律，浅显地认为其表现了苗岭秀丽的景色以及人们欢乐的生活场景。教师可引导学生思考每一部分的速度、情绪、节奏有何不同，结合旋律特点对作品所营造的画面展开合理想象并相互交流。学生通过了解作曲家生平和创作背景、西洋乐器的选择原因等，了解当时作曲家在音乐创作时尝试中西融汇并试图革新，在此基础上保留传统音乐元素的探索和改变。在多种教学手段中铺设和搭建德育浸润点，进而使其从本质上理解作者创作这首歌曲的意图和作品内容，从而对音乐作品有进一步的领悟和感受，继而培养学生强烈的爱国情怀、民族自豪感和民族自信心，以及对那些为中国音乐发展做出伟大贡献的音乐大家们的敬意。

三、歌声润泽课堂，旋律流淌心间

基于小学学段特点，孩子们乐于参加音乐活动，音乐课中常常表现出活泼好动、模仿力强、乐于接受新鲜事物等特质，在歌唱歌曲以及欣赏音乐作品时，教师更需要引导学生在音乐活动中感受美、体验美、表现美。

（1）深挖歌词，发觉德育闪光点

每首作品都有一定的内涵或渗透了一定的道理，有些从歌词中就能直接看出，有些则隐含在歌词里面。教学时，教师应带领学生去理解歌词，遇到写作手法比较含蓄的歌词时，还应深入分析作者的创作意图。比如歌曲《我和我的祖国》中副歌部分的歌词是这样写的："我最亲爱的祖国，我永远紧依着你的心窝，你用你那母亲的脉搏和我诉说"很明显，这部分歌词直截了当地表达了作者对祖国的热爱，无须深入分析便可发现歌曲的爱国主义教育意义。而选自大型音乐舞蹈史诗《复兴之路》中的《我的家园》，全曲歌词展现了中华大地和谐、安宁的美好景象，歌词中出现"最难忘，最难忘，妈妈脸上又见皱纹添"，把伟大的祖国比作母亲，皱纹则象征着神州大地上日新月异的变化，赞美了祖国快速变迁、腾飞发展的新时代。教师带着学生熟悉歌词、唱响歌曲的同时，爱国之情便在他们心中油然而生。类似这样的歌词内容本身就富含德育价值的歌曲还有很多，诸如：《踏雪寻梅》《国家》《爸爸的雪花》等都把德育立足在培养民族自信心和爱国精神里。

（2）感悟欣赏，用旋律陶冶高尚情操

音乐是听觉的艺术，让学生在课堂上安静地聆听，养成"欣赏"的好习惯，对于学生音乐素养和音乐感受力的提高尤为重要。能认真用心去聆听而不打扰别人本身就是一种美德，而教师要善于引导，让学生把优美的旋律不仅听到耳朵里，还要"听"到心里，用音乐润泽孩子纯洁的心灵，让他们受到"真、善、美"的洗礼。歌曲的听赏在歌词意义的直观作用下，其中的德育元素较容易被发掘。而在听赏器乐曲的时候，教师要通过对乐曲情绪的充分感知，带领学生体会其中所蕴含的爱和美好。例如：四年级小提琴独奏《G大调小步舞曲》，教师组织学生用跳跃的舞步、拉手律动、面对面屈膝礼打招呼等方式感受A、B两段乐曲的不同旋律特点。在这个过程中，孩子们还感受到了友爱、礼貌、交流的快乐，美好心境油然而生，在愉快和谐的课堂氛围中享受友善。

四、身心合一表演　提高互动质量

小学音乐中除了歌唱听赏，还有"音乐活动"板块，教师可以根据单元主题和活动内容组织相适应的具有趣味性的、生动活泼的音乐实践活动。这其中，打动人心的表演是情感生成的催化剂，也是孩子自然表达、真情流露的体现，同时更是德育落地开花的成果展示。例如：在教学古诗歌曲《游子吟》时，学生唱会歌曲之后，我组织他们开展了一个简短而小型的情景剧表演，让孩子们通过“吟诵—表演—歌唱”的顺序来进行。课前，我让学生从家里带来自己和母亲一起的儿时照片，和小伙伴们分享自己成长中最难忘的亲子故事。通过交流，孩子们的心灵受到了深深的触动。紧接着全班孩子深情朗诵《游子吟》，在昏黄的灯光下，扮演老母亲的孩子一边织补衣服，一边理额边的白发。在全班孩子的深情演唱中，孝老爱亲、感恩明理的德育教学效果水到渠成。

另一方面，课堂教学的表演不能是“为了表演而表演”，从而脱离了课堂教学的“音乐性”本质和德育熏陶下美的体验。老师需要在恰当的时机把音乐表演融入课堂教学中，音乐表演与德育教育是相辅相成的。如需进行表演唱，那最终还是要落实在歌曲的演唱中，对歌曲的情感处理、节奏把握有所促进的表演才不失为有效的表演。作为教师，我们不仅要“用心”，而且要真正地“走心”，让表演成为促进学生学习成长的必要手段，德育浸润的肥沃土壤。

五、延伸课堂教学，升华德育效果

在音乐课堂教学中，当教学重点得以落实、难点得以突破以后，教师则可以设计一些与教学内容有关的延伸活动，或者是歌词创编，或者是综合其他学科的艺术活动等拓宽学生视野，实现德育效果的升华。例如：在执教青海民歌《花儿与少年》时，通过创设“去青海旅游”的情境，带着孩子们“上青海湖、唱花儿调”。最后欣赏阿宝演唱的《四季调》以及女子十二乐坊民乐合奏的《花儿与少年》，更好地表达了对祖国大好河山的热爱以及各族人民团结友爱、欣欣向荣繁华景象的由衷感慨。改进音乐学科教学训练设计时，教师需要有德育渗透意识，改进作业训练形式，创设生活训练情境，启动网络互动，都能够为学生带来学习启迪。

音乐家亨德尔说：“假如我的音乐只能让人愉快，我很遗憾。我的目的是让人们高尚起来。”音乐艺术本身有强大的感染力，教学过程也储藏着巨大的德育功能。在以立德树人为教育理念，推进“五育并举”“德育为先”的时代，音乐教师一定要把德育有机融入音乐教学的各个环节和各个方面，使学生在提高音乐能力的同时，也能同步发展思想品德。

让德育之花在音乐教学中绚丽绽放，让音乐教学给学生美的情感体验的同时，也在他们心灵中埋下德育的种子，开出最美丽的花朵。

浅议小学音乐学科中开展德育研究与实践

浦东新区周浦育才学校　张　莹

习总书记在2018年9月10日的全国教育大会上强调：要坚持把立德树人作为教育的根本任务。音乐教育蕴含着德育价值，也担负着道德教育任务。同时，其与德育教育是相互辅助、相互融合的关系，一部优秀的音乐作品，除了具有优美动听的旋律外，也必然蕴含着丰富的道德内涵。

音乐教育和德育教育的价值目标是一致的，并且在融合中是互相补充的。我们追求的音乐教育目标是增强学生音乐素养，陶冶情操，培养学生热爱美、追求美，从而具有积极健康的人生观、价值观。德育教育是增强学生道德品质，坚定理想信念，具有强烈的民族自豪感，爱国爱家，成为祖国新一代优秀接班人。

一、探索音乐的德育功能

（一）德育内容承载体

音乐教育是德育内容的体现，音乐与德育相融合，学生内心与音乐情绪产生情感共鸣，精神意识在潜移默化中得到升华。学生在欣赏音乐时，心理情感体验是最强烈的，音乐的情感体验是最直观、最敏感的。旋律、和声或者节奏等，这些音乐元素进入我们的听觉而没有时间思考的情况下，会立即引起情绪反应。

例如，在欣赏《长城谣》时，平稳有序的节奏和苍凉悲壮的旋律，在低音区有力地行进，带给我们的是悲痛以及同仇敌忾、保卫祖国的决心及爱国热情。在学习歌曲《甜甜的大家园》这一课时，稍快紧密的节奏、昂扬舒展的旋律，以及在歌曲结尾处在高音区发展的拉宽节奏的旋律，则带给我们喜悦激动的感受，生活在祖国安定团结的大家庭里的幸福感和自豪感油然而生。音乐正是通过这种情感上的体验直接影响学生的心理感受，进而与学生的道德认知产生共振。

音乐教育是通过教师和学生之间教与学的实践活动，实现学生音乐能力的发展，丰富学生的音乐素养，促进学生对真善美的追求，在音乐情绪体验中增强审美能力。音乐教育作为德育教育的载体，在音乐作品中蕴含着德育教育信息，为教师所运用，从而在教与学的实践活动中，产生有效的德育互动。所以，音乐教育是德育教育的有效载体，肩负着德育教育使命。

（二）德育方法艺术化

在音乐课程中实现德育方法的艺术化可以合理运用多媒体技术，进行游戏教学、定期举办竞赛活动，以丰富且充满快乐的形式，来开展德育教育，努力实现“润物细无声”。

例如，在歌曲《我的家在日喀则》的教学中，我利用视频资源，向学生介绍西藏的地理环境和民族风情，展示了很有藏族特色的代表性建筑、自然风光及藏族人民围着圣火载歌载舞庆祝丰收节日的画面，在视觉上先给学生一个初步的审美体验。伴着歌曲欢快的旋律，语言描述和情境图片同步铺开，随着音乐声呈现在学生的面前，学生很容易沉浸在藏族风情的审美意境之中。接着，为了带动学生的表现热情，我采用情境故事教学策略，使身穿藏族服饰的动画人物化身为藏族小朋友小卓玛，带领班级同学去她的家乡日喀则做客，为了表示欢迎，小卓玛邀请同学们在教室围起一个圆圈，和屏幕里的藏族小朋友一起随着歌曲的旋律拍一拍、跳一跳。低年级的小朋友很喜欢这样的游戏形式，自然地就融进歌曲的表现中来。有了这样的初步体验，在教学拓展环节中，很多学生都可以创编出自己喜欢的律动造型，合作表演中充满热情和想象力，从而学生们也进一步感受到了藏族人民对家乡的热爱，和各族人民团结友爱生活在祖国怀抱的自豪之情。

二、整合音乐教材中的德育素材

（一）基于学情，挖掘音乐教材中德育内涵

音乐课程中不乏德育教育资源，但仍需要我们从一篇篇音乐作品中整理加工出德育教育素材，对教材进行重新组合，挖掘蕴含的德育信息。小学音乐教材中呈现出来的音乐作品，多是歌唱、欣赏、音乐活动等内容，蕴含的德育素材并不是很明显，需要我们耐心、细心地对教材进行整理，了解每一个音乐作品背后的文化和内涵，理解作者的思想情感，提炼、升华音乐教材中的德育素材，引导学生体会其中的情感，感受艺术的熏陶，进而达到提升学生道德修养的目标。

例如，在欣赏歌曲《劳动最光荣》这一课时，我利用学生们喜欢听故事，讲故事的特点，在多媒体屏幕上，展示给学生这样一幅画面：原野上，阳光明媚的清晨，太阳公公露出金亮亮的笑脸俯瞰大地，公鸡早早站在高处，宣告新的一天的到来，小喜鹊忙碌地造新房，小蜜蜂不停歇地采蜜忙，一派生机盎然的景象。学生们看得仔细，听得认真，情不自禁地跟着音乐欢快的节奏或拍着小手，或晃着小脑袋。接着播放动画片《小猫钓鱼》的片段，以视听相结合的方式，帮助学生很快投入到歌曲的故事情境中来，我依次抛出问题：小猫钓鱼顺利吗？它最终成功钓到小鱼了吗？为什么呢？学生们争先恐后说出自己的想法，营造了良好的课堂效果，也帮助学生认识到劳动的价值，体会劳动的乐趣，从而引出树立积极健康的人生观的德育指向。

（二）明确音乐作品德育目标

在对教材中德育素材进行挖掘后，我们就可以知道在音乐教材中，哪些作品蕴含着德育素材，要上好音乐学科的德育教育，我们还必须明确音乐作品中的德育教育点，也就是这个作品所指向的德育目标，巧妙地在教学中引出德育目标，自然地去影响学生，培养学生美好的道德情操。在音乐教学实践中，应结合对教材中德育素材的整合，积累德育教育素材库，明确德育教育目标，在教学中“有章可循”“信手拈来”。为此我对一小部分音乐作品指向的德育教育目标进行了整合，以下为部分代表性教材内容：

公民人格之生命与价值目标，如《快乐的一天》《劳动最光荣》等，这一类作品的节奏明快，基本大调式比较开阔、明朗，让学生在享受音乐作品的同时展现对生活的热情，塑造乐观的生活态度，积极奋进。国家意识之国家利益目标，如《祖国颂》《祖国你好》《少年中国梦》等，歌曲的旋律宽广悠长，情绪慷慨激昂，节奏整齐有力，具有强烈的感染力。在爱国主义歌曲的听学过程中，学生们热爱祖国、奋发图强的自豪感、荣辱感得到升华。文化自信之历史文化目标——了解国家历史，对传统文化的欣赏与传承的培养，如《游子吟》《读唐诗》等，通过歌曲中歌词的描绘，进一步了解我国悠久的历史文化，以及对文化的千年传承，让学生在优美的音乐中，重温那千年传颂的经典，树立作为中华民族儿女的自尊心、自信心，增加文化自信和文化认同。

三、引领学生践行无痕德育

学生作为音乐课程学习的主体，学习动机的高低将直接影响音乐课程教学的质量和音乐素养训练的质量。音乐素养的培养，需要注重对学生的有效引领，需要提高学生的自主性，从而在艺术的教学氛围中践行德育。

例如，在学习歌曲《小小少年》这一课时，我引领学生打破时空限制，想想自己在小的时候无拘无束，每天跟随在父母身边，衣来伸手饭来张口，每天乐陶陶的感觉。如今，随着年岁的增长，开始进入学校学习，不再像以往那样自由，随着每天需要学习各种知识，也变得懂事起来，了解了父母的辛苦，也略微体验到了生活与学习的小苦恼。年少的时光匆匆，要做怎样的少年？要以怎样的心态面对烦恼和挑战呢？带着这样的问题，在歌曲的学习中，帮助学生领会感悟歌曲内涵。

歌曲的后半部分，是二声部演唱形式，主要以三度音程作为主要行进方式。要帮助学生既能唱准二声部的旋律，又能不枯燥不机械，表达出对歌曲前半段的情感的延续，并使歌曲得到精神升华，因此怎样调动学生的学习积极性，就显得尤其重要了。我播放了电影《英俊少年》片段，海因切不轻言放弃，通过努力，终于救出了被冤枉入狱的父亲，赢得了本来对他们父子带有偏见的外公的爱，一家人团聚在一起，彼此欣赏和关爱，幸福地生活。学生们通过观看，更进一步感受到了小小少年阳光积极的精神，意志刚强敢于向困难挑战的勇气。在演唱歌曲时，有了这样的情感作为烘托，加之旋律中行进的六度、四度的大跳音程的推进，以情带声，学生们的演唱情绪一下子被点燃了，声情并茂，激动高亢，课堂气氛也非常热烈。感动之余，学生们就之前提出的“要做怎样的少年，要以怎样的心态面对烦恼和挑战”给出了自己的想法，纷纷表达要像少年海因切一样，勇敢面对生活的挑战，保持积极乐观，相信自己的努力，阳光总在风雨后！

教师作为音乐教育的组织者和引领者，按照新课标要求，遵行音乐教学目标，丰富音乐教学内容和策略，在音乐课堂中，结合音乐作品背景，挖掘歌词内涵，升华作品思想，将音乐作品和学生思想加以融汇，让学生在音乐课的学习中，很自然地接受德育教育，不仅体会音乐作品的美好，感悟音乐唯美意境，也使精神得到美好的升华。

音乐并不是孤立的个体，音乐无国界，通过音乐教学不仅能够拓宽学生的音乐视野，还能够更好地提升学生的情感体验能力，从而引领学生追求健康阳光的精神境界。在小学音乐课程中，借助德育功能的教学实践活动，不仅对学生思想情感产生积极作用，还利于实现对学生德育素养的塑造、培养，这也是音乐课程德育教育的本质。

“曲目情感激发策略”在小学音乐课堂中的德育落实

——以二年级《只怕不抵抗》为例

浦东新区民办正达外国语小学　韩　晗

小学阶段是一个人接受学校教育的起始时期，音乐学科是引导学生进行思维、表达、理解、审美和认知世界的重要学科。在小学音乐教学中，教师不仅要通过各种教学方法有效上好音乐课，激发学生兴趣，引导学生学好课堂基本内容，更重要的是，在音乐教学活动中，采用有效的教学策略培养学生的审美意识、提高审美能力，增强学生的思想道德修养，将品德教育融入到小学音乐课的日常教学中，从而帮助学生成为一个善思考、会表达、有创意、富内涵的人。

一、“曲目情感激发策略”在小学音乐课堂中的必要性

当前，坚持立德树人，有效地实现德育和情感目标，是小学音乐课的核心。音乐课程坚持以社会主义核心价值体系为导向，不仅为学生提供了审美体验，还在启迪智慧、陶冶情操、促进良好道德品质养成方面起着不可或缺的作用。为了更好地坚持立德树人，将品德教育融入到日常教学中，本人积极探索，在小学音乐课堂教学中通过“曲目情感激发策略”进行教学实践及探索，收到了积极成效。下面以沪教版二年级下册《只怕不抵抗》一课，结合本人的课堂实践来谈谈“曲目情感激发策略”的有效措施和实施效果。

二、“曲目情感激发策略”在小学音乐课堂中的探索实践

1. 精选经典曲目

我将沪教版二年级第二学期第四单元教材进行了单元整合，精选了《中国少年先锋队队歌》和人民音乐家冼星海创作的儿童革命歌曲《只怕不抵抗》以及《黄河大合唱》中经典曲目《保卫黄河》进行教学。带领学生初步了解在抗日战争时期，中国共产党领导人民革命、抗战反帝的丰功伟绩。抗日战争中涌现了很多儿童英雄故事，让学生在歌曲学习和表演中体会作为儿童也要不畏强暴、保家卫国的战斗精神，有效地激发小学生对党和祖国的热爱之情。以此为内容对应“文化自信—革命传统”这一德育目标，运用“曲目情感激发策略”，开展了教学实践。在学习活动中不断激发学生爱国、爱党的情感；珍惜生活在和平年代的我们得来不易的美好生活，培养学生热爱生活、积极向上、珍惜当下的美好品德。

2. 创设教学情境

由于二年级学生年龄较小，对抗日战争时期的故事和歌曲并不熟悉，对革命儿童歌曲更不了解。因此在歌曲《只怕不抵抗》的学习中，先通过欣赏一小段抗战时期的外国列强侵略我国及中国共产党领导人民奋力抗击的视频为教学的切入点，再通过介绍一些有名的革命小英雄，请学生积极发言，分享自己对小英雄英勇事迹的认识和感受来导入本课，创设了合适的教学情境，使学生对歌曲的创作背景有所了解。本课的开始，教师带领学生听着《中国少年先锋队队歌》踏步进入教室，不仅是对上节课的复习，也成功创设情景，引导学生体会育德情感，为接下来的歌曲学习做铺垫；通过欣赏《只怕不抵抗》歌曲视频，提出设问引发思考：这首歌曲的情绪怎样？歌词唱了什么内容？通过教师设置的赏析、聆听、思考环节及创设的教学情境，带领学生在听觉、视觉和动觉的联动感知下，为学唱歌曲做铺垫，在感受歌曲情绪的同时，引导学生体会到抗战时期少年英雄不畏强暴、勇敢杀敌的战斗精神。本课的最后，通过拓展欣赏《黄河大合唱》第九乐章《保卫黄河》，使学生在进一步了解作曲家冼星海，进一步拓宽视野、升华情感。在课堂教学中体会用音乐抒发情感的方式，

更好地落实德育情感教育、促进培养学生价值观目标的实现。

3. 理解歌词内容

在《只怕不抵抗》歌词学习环节中，我恰当运用感情朗读歌词和分组表演的方法，让学生在读中感悟和理解歌曲中的情感，同时丰富学生的语言积累。学生在朗读歌词过程中，采用配乐有节奏朗诵歌词的办法，引导学生反复朗读歌词，用自己最喜欢的方式去读、去聆听，从而弄懂作者这样创作要表达的思想寓意和目的，把歌词进行低龄化的理解。在歌词“一刀斩汉奸，一枪打东洋”中，我提出设问，请学生思考“汉奸”和“东洋”的含义，再根据教师创设的情景分组表演，使孩子们更清晰地理解这两个词语的含义，从而进一步了解这首歌曲所要表达的情绪和情感。在学唱歌词中通过画旋律线，对比相同和不同旋律的重点乐句，再反复结合聆听，去欣赏、品味作者不同曲调和节奏所表达的情感；理解作者用歌词描写人物的情感、手法，从而理解歌曲的内容背景；从多个角度展示小英雄们崇高革命理想，激发小学生的爱国情感，弘扬革命传统精神。最终达到唱好歌曲节奏、旋律，理解歌词内涵，生动地表现儿童们吹号打鼓行进的英姿，有效地进行爱国主义教育思想，潜移默化地对学生进行革命传统教育。

4. 梳理关键设问

在《只怕不抵抗》歌曲学习中，我设计了四个关键设问：

（1）初听歌曲：教师根据欣赏歌曲视频提问：“这首歌曲的情绪怎样？歌词唱了什么内容？”引导学生关注歌曲情绪和歌词内容，为完整了解歌曲、体会情感打下基础。

（2）复听歌曲：边听歌曲边踏步，教师设疑提问：“请你边听边和老师一起在节奏中踏步，歌曲是几拍子的呢？”引导学生关注歌曲节拍，强弱特点，为歌曲学唱做准备。

（3）师生对唱：在听衬词内容时，及时点拨设问：“请你听听歌曲第一段中的衬词是什么呢？请你和老师对唱歌曲”，引导学生积极听老师的范唱，并通过对唱完成歌词填空，加深对歌词的掌握和记忆。

（4）歌曲学唱：“拿起小刀枪，冲锋上战场”，“一刀斩汉奸，一枪打东洋”，“不怕年纪小，只怕不抵抗”这三句学唱时，教师请学生思考：“应该用怎样的情绪演唱这一句呢？”以便帮助学生加深对歌词的理解，通过歌曲演唱情感激发策略培养学生积极思考的能力，培养他们传承革命传统的意识及情感。

5. 鼓励创编表演

在本课教学中，我积极鼓励学生创编表演，创设合适的教学活动环节。

（1）歌词表演环节：在歌曲第一段学习中，通过分组表演不同乐句，创编合适的造型，让学生在歌曲创编表演中，加深对歌词的记忆。在表演中多次聆听歌曲，熟悉歌曲曲调，对比相同歌词不同曲调的特点，突破难点，引导学生加深对歌曲不同节奏、交替旋律的记忆。深刻理解歌曲《只怕不抵抗》表现的儿童们投身革命的勇气，激发学生理解歌曲内涵，促进情感升华。

（2）完整表演环节：学生完整学唱后，在本课的最后环节，我设计了表演创编环节。学生以小组为单位，通过在本课前几个环节中积累的造型、动作，创编合适的队形。通过队列表演在行进中最终再现他们对革命英雄雄姿的理解。通过朗诵、演唱、理解、思考、表演、创编等环节进行情感激发，启发学生用实际表演的行动和热情，赞赏中国共产党领导下的人民投身革命的勇气，在创编表演中体验情绪，表现革命小英雄的气概，激发学生向小英雄学习的爱国情感，从而使学生更加珍惜眼前的幸福生活，理解幸福的来之不易，进而感谢先烈、热爱中国共产党。

三、“曲目情感激发策略”在小学音乐课堂中的实施效果

1. 引导学生体会德育情感

要实现音乐教育的目标，教师在教学中，根据筛选的精选经典曲目，针对不同年龄段的学生创设不同的教学环境，可以有效引导学生体会德育情感。本课教学所授对象为二年级学生，他们热爱音乐课，活泼好动，所以设计生动的教学情境，合理运用“曲目情感激发策略”进行教学，通过图片、音频、视频等激发学生对音乐课的兴趣，了解革命歌曲的创作背景，从而引导学生在歌曲学唱中，激发他们的情感共鸣，体验乐曲所要表达思想情感。

2. 积极弘扬爱国主义精神

教师运用恰当的教学策略进行音乐课教学，积极弘扬爱国主义精神，是小

学音乐德育教育的核心目标之一。教师引导学生分析歌词，采用“曲目情感激发策略”，确定合理的教学方法，积极倡导合作探究活动，正确引导小学生的积极情感体验。在音乐课堂教学中，采用朗读歌词的学习方法，让学生在读中感悟和理解歌词中激越的语言，从而丰富学生的集体主义意识，实现了对小学生爱国主义情感的培养，掌握了音乐教育的特点和规律，抓住了立德树人教育的关键。

3. 培养学生积极思考的能力

在音乐教学中，教师层层设问，通过梳理关键问题，引导学生有层次地思考歌曲所表达的情感，有效培养学生积极思考能力。同时有利于活跃音乐课堂，提高学生学习音乐学科的兴趣和积极性，有效提高学生的音乐学科素养。教师根据小学生的身体和心理发育的特点，结合课堂教学内容的实际，恰当地导疑设问，培养学生掌握基本乐理知识，增加对音乐乐感的体验乐趣，增强学生对经典曲目基本情感的理解能力，促进小学生形成健全的人格。

总之，我们可以根据学生的不同年龄特点，设计不同的教学策略和方法，有效引导小学生德育情感，实现教育目标，提高小学生音乐核心素养，从而更好地落实德育在音乐学科中的作用，有效提升课堂质量和效率，培养学生高尚的情操和积极的审美情趣。作为小学音乐教师，我们还要不断反思自己，反思自身的教学，提升自身的专业知识和教育教学水平。

小学音乐课堂德育教育初探

浦东新区竹园小学　宋　慧

音乐，是声音的艺术、是听觉的艺术，更是情感的艺术。音乐还有着明显的育人作用，培养学生高尚的道德情操。义务教育艺术课程标准（2022年版）中要求通过义务教育艺术课程的学习，学生能够感受和理解我国深厚的文化底蕴和党的百年奋斗重大成就，传承和弘扬中华优秀传统文化、革命文化、社会主义先进文化，坚定文化自信，铸牢中华民族共同体意识。

在音乐教学中，处处体现着跨学科的教育，其中德育更是学生核心素养培养的重要内容，也是小学音乐课程教学中所富含的重要元素。在小学音乐教材中，可以找到许多德育元素，如：热爱祖国的歌曲、热爱大自然的乐曲、爱生活爱劳动创编游戏等。教师应该努力挖掘教材中的德育元素，从备课入手，有效地将德育教育融入至各个教学内容和教学活动中。以学生为学习的主体，充分调动学生的学习主动性，以教材为基础、以音乐为载体，对学生进行全方位的德育熏陶。

一、讲述故事创设情境，激发学生爱国情怀

在小学音乐教学中，情境教学是常用的有效教学形式。通过情境的设计，能帮助学生更好地感受作品、理解作品。在情境教学中融入德育内容，可以沉浸式地进行学习，让学生在音乐的引导下，获得更丰富的体验。以上海音乐出版社二年级的唱游教材中欣赏童声合唱《中国少年先锋队队歌》一课为例，对创设情境的作用进行分析:《中国少年先锋队队歌》是由周郁辉作词，寄明作曲

的歌曲，原为1961年公映的电影《英雄小八路》主题曲，后被选为中国少年先锋队队歌。最初旋律是周郁辉和寄明从《厦门日报》上看到了“前线少年支前活动大队”的英勇事迹深受触动后写下的。在聆听第二段音乐时，我引导学生以小组的形式组建了临时的“前线活动大队”，模拟送开水、洗军衣、擦炮弹的动作，选出学生代表像解放军一样穿梭在炮火中用手连接阵地与指挥部的电话线的行动，并和老师高喊口号，感受少先队员们精神昂扬、不畏险阻、勇敢聪明、舍身救国的气概和决心。我通过创设情境让学生沉浸式体验，以故事、图片等相辅助的方式，让孩子们了解当时的环境恶劣、形势严峻，激发对少先队员的敬佩和崇敬之情。在通过欣赏、模唱、表演等教学后，更好地帮助学生深刻体会歌曲中孕育的德育内涵，进一步激发少先队员的历史使命感和时代荣誉感。

二、学生自主收集资料，体会中华民族之大团结

我国是由56个民族组成的多民族国家，和谐幸福、繁荣昌盛，各民族人民紧密团结在一起。小学音乐教学中处处融入民族团结进步教育，通过对各民族音乐的学习，了解各民族的风土人情、认识各民族的乐器、感受各民族相互依存的亲密关系。例如:《民族舞曲联奏》《阳光下的小卓玛》《新疆是个好地方》《爱我中华》等。教师可在课前提前布置收集与下一节课内容有关的资料，以使课堂效率最大化，也能让学生在课前就有一定的德育素材累积，在老师的引导下更好地感知德育内涵。我以《阳光下的小卓玛》课前导入为例：在前一节课后布置了收集关于藏族资料的作业，课程伊始以谈话形式导入，总结学生资料成果，汇总得出藏族绚烂的文化、地理环境、少数民族特有的语言以及美丽的民族服饰，在学生交流中，逐渐树立起藏族人民能歌善舞的形象，继而引出本节课学习的内容。在课前让孩子们收集少数民族的各种特色，在课上让孩子们互相交流自己搜集到的相关知识，通过老师的引导，孩子们的交流、模仿、表演等教学方式，让学生体会民族团结的力量，树立学生的民族团结意识，提升学生素养，让孩子心中开出民族团结之花。

三、探秘世界音乐文化，拓宽学生艺术视野

音乐文化是多元的，世界音乐文化遍地开花。小学音乐教材中，也可见不少国外的音乐，有西洋古典作曲家的作品，也有国外的民谣等。探秘世界音乐文化，可拓宽学生艺术欣赏的视野，也使学生对音乐作品有个二次认识。在欣赏《乘雪橇》第三乐段中，我通过对音乐的想象、特殊音效的模仿和打击乐的运用，把乘雪橇的场景生动刻画在学生脑海中。借由爵士版与之对比，通过身体自由律动，加入响指配合，体验音乐形式组合的多种可能性和艺术的包容性。

我尝试通过不同的音乐作品，探索、感知、体验，引导学生更好地接受多元的音乐文化。只有尊重和理解多元文化，我们的世界民族音乐才能更加多姿多彩，才能在世界这个花园里遨游。

在以立德树人为教育理念，推进“五育并举”“德育为先”的时代，把德育融入音乐教学的各个环节和各个方面，更好地培养学生思想道德素质，让小学音乐教学成为帮助孩子们德智体美劳全面发展的有效途径，我们任重道远！

核心素养下小学音乐教学中融入家国情怀教育的探索

浦东新区进才实验小学　李　洁

家国情怀，是一个人对自己国家、家乡和人民所表现出来的深情大爱，与爱国主义、民族精神、天下为公、乡土观念、行孝尽忠等传统文化有着重要联系，是中华优秀传统文化的基本内涵之一。“家国情怀”在增强民族凝聚力、建设幸福家庭、提高公民意识等方面都有重要的时代价值。教育部颁布的音乐课程标准中明确提出音乐学科核心素养由“审美感知”“艺术表现”和“文化理解”构成，也明确指出了音乐课程对学生在情感体验、乐观态度、学习兴趣、审美情操、文化理解方面的培育价值。标准鲜明地突出了对爱国主义、集体主义精神的培育要求。在小学音乐教学中融入家国情怀教育，承载了音乐课程明确的学科育人价值导向之一，能激发学生的音乐情感体验、培养音乐学习兴趣、拓展音乐文化视野，进而达到涵养审美情操的教育目的。

一、小学音乐课堂融入家国情怀教育的重要意义

家国情怀是社会主义核心价值观和中国传统文化的体现。小学生处于意识形态构建的基础阶段，在小学音乐教学中融入家国情怀教育，对于加强学生的国家认同感有积极的作用。现行教材中有大量饱含家国情怀的音乐作品，有的表现民族团结，有的抒发爱国之情，有的弘扬民族文化，有的凸显乡土情深，同时旋律优美动听，易于小学生理解学习。在小学音乐教学中融入家国情怀教

育，不但符合音乐学科的特点，更有利于帮助学生塑造人格、养成品行，奠定学生发展的基础。

二、目前教学中存在的不足

笔者通过对周边学校的调查发现，实际教学中，教师更多关注音乐知识与技能的教学，忽视了音乐学科德育，认为德育是班主任的事，是道法课老师的事，与音乐教师没多大关系，没有形成全面育人的良好氛围。还有一些教师从理论上理解音乐教育是实施美育的重要途径，对人的综合素质的培养有着重要作用，但在实际教学中，仍停滞在听听音乐、唱唱歌曲的教学层面，并未分析作品的创作背景、体裁、结构、音乐要素，没有深入挖掘相关作品的精神内涵，且教学方式方法单一，教学浅尝辄止，无法让学生对相关音乐作品形成情感的共鸣。

三、核心素养下小学音乐课堂融入家国情怀教育的途径

（一）深入学习，提高自身修养

教师个人的音乐素养直接影响着学生学习能力的培养，教师不仅要有高尚的师德修养，还要建立正确的音乐教育价值观，拥有良好的审美意识，用出色的专业技能，良好的个人素养，自己的一言一行影响学生、感染学生。因此教师要不断深入学习，不断拓宽文化和专业知识面，提高自身的专业技能和教育教学水平，用素质教育理念实施音乐教学，做到既教书又育人。

（二）充分挖掘教材中家国情怀素材

小学音乐教材在践行社会主义核心价值观的前提下，展现了中华民族优秀的音乐文化。饱含家国情怀素材的音乐作品从一年级至五年级，每册书中都有涉及。如一年级《我们爱国旗》《中华人民共和国国歌》《赞歌要比星星多》《我的家在日喀则》《遥望我的蓝色星球》，二年级《我们把祖国爱在心窝》《同唱一首歌》《草原就是我的家》《只怕不抵抗》《中国少年先锋队队歌》，三年级《祖国，你好》《歌唱祖国》《美丽的草原我的家》《新疆是个好地方》，四年级

《我的家园》《天山之春》《少年中国梦》，五年级《上海，你越长越高》《长城谣》《甜甜的大家园》《我的祖国》《国家》。这么多的音乐作品都具有深刻的教育意义，因此在教学中除了要结合欣赏教学、歌唱教学对歌曲的创作背景、音乐体裁、音乐要素、曲式分析进行教学，更希望通过对这部分知识的分析与讲解，让学生在学习过程中更好地掌握音乐所要表达的思想感情，了解歌曲的历史背景和精神内涵，并能带着感情把歌曲演唱（表演）出来，进一步加强学生的家国情怀和民族意识。

（三）丰富教学手段，寓教于乐

教师可以借助图片、视频资源直观地将教学内容展现在课堂中，让学生深入体会。《歌唱祖国》创作于20世纪50年代，距离学生生活的年代较为久远，欣赏该曲时，为了更好地帮助学生了解歌曲所蕴含的时代精神，更加直观地感受祖国腾飞的步伐，可以运用大量的视频资料来帮助学生理解——词曲作者王莘创作的故事可以让学生了解歌曲的创作背景；近年来国家在信息科技、航天航空、海洋深潜、工农业等领域的影像资料，也可让学生感受到歌曲所表达的中国人民从站起来到强起来再到对未来充满自信的时代风貌，激发学生对社会主义祖国的热爱之情和赞美之情，增强民族自豪感和自信心，强化国家意识，深化国情观念。又如在欣赏歌曲《我的祖国》时，教师自己剪辑制作祖国大好河山的壮丽美景，把歌曲作为视频的背景音乐，带领学生感受祖国的大好景色，学生能够通过观看视频深入理解“祖国”一词的含义，将家国情怀埋藏心底。

家国情怀是中华民族最为深厚的历史情感，也是中华传统文化的精髓所在。它所体现出的新的时代内涵与独特价值都发挥着重要作用，为我国人才发展提供了强大的支撑动力。在国际大背景环境下，小学音乐教育必须创新和发展，音乐教育要发挥自身的价值和优势，要在培养人的文化方面、修养方面起到重要作用。 我们要把家国情怀渗透到每一位学生的意识中，做到放眼世界，心怀祖国。

育德于音　与美同行

——基于音乐课堂教学的学科德育实践初探

浦东新区民办正达外国语小学　周妙淼

习近平总书记指出:“国无德不立，人无德不兴。”精神文明是一个国家走向强大的根本支撑，而道德模范是一个社会崇德向善的重要旗帜。《音乐课程标准》要求教师“在音乐教学中培养学生良好的行为习惯，以及宽容理解、相互尊重、共同合作的意识和集体主义精神，使学生在真、善、美的音乐世界里受到高尚情操的陶冶。”音乐中优美的旋律、丰富的文化内涵、生动的表现形式可以在不经意间拨动学生的心弦，让学生在“随风潜入夜”的音乐氛围中，达到“润物细无声”的育德效果。通过音乐教育，以乐怡情、以乐明志、以乐辅德，可望更好地发挥音乐教育的德育功效。

音乐教师应该利用音乐可以意会而不可言传的情感体验，充分挖掘教材中音乐作品的艺术、人文育德因素，在进行审美教育的同时，营造音乐课堂浓厚的育人氛围，在“政治认同”“国家意识”“文化自信”“公民人格”等方面培养学生健全的人格、建构学生健康积极向上的价值观。

一、在音乐中增添政治认同

音乐虽然是一种文化艺术形式，但也有其社会能动作用。音乐最早作用于社会，是源于它的政治作用，每个时期音乐发展是与相应的政治环境密不可分的。政治认同是人们在社会政治生活中产生的一种感情和意识上的归属感，它与人们的心理活动有密切的关系。在小学音乐课堂中，我们要引导学生充分认识到中国特色社会主义制度的优越性，坚定只有中国共产党才是引领中华民族的领导核心。让学生通过音乐作品的学习感受，激发内心热爱中国共产党的情感。

例如，上海音乐出版社五年级上册的欣赏曲目《妈妈教我一支歌》，是非常适宜开展德育教育的曲目。这首歌曲创作于中国共产党成立60周年前夕，歌词中三代人“妈妈”“我”“我的女儿”，代表了在党的领导下步入新社会的一代人、生在新中国长在红旗下的一代人，以及肩负祖国未来的一代人。三代人从不同的时代层面出发，唱同一支赞歌，表达了对中国共产党的信任和热爱之情。歌曲的旋律融入了《没有共产党就没有新中国》的主题乐句，歌曲演唱用不同速度表达情感，亲切感人的旋律引发人们的感情共鸣。教学中，为了让学生能够更好地感受这首作品的内涵，我首先让学生欣赏合唱《没有共产党就没有新中国》的MV，并跟着旋律一起哼唱，在合唱的坚定歌声中，在合唱队员坚定的眼神和战火纷飞的画面切换中，燃起学生内心对党的无限热爱之情；接着让学生观看《开国大典》片段，让学生明白是伟大的中国共产党领导人民经过浴血奋战才成立了新中国。再欣赏《妈妈教我一支歌》，让学生在深情的旋律里，感受三代人对中国共产党的热爱和坚定追随。通过层层递进的教学设计，在学生心中点燃热爱共产党的火种。

二、在音乐中培养国家意识

国家意识是公民对国家的认同、认知意识，是社会个体基于对自己祖国的历史、文化、国情等的认识和理解而逐渐积淀形成的一种国家主人翁责任感、自豪感和归属感。作为一种政治意识和文化意识，它能在很大程度上激发公民的责任心和义务感。“少年强则国强”，国家意识要从娃娃抓起，国家昌盛民族强大，才能在激烈的全球竞争中立于不败之地。在小学音乐课堂中，教师要充分运用音乐作品的感受和体验，激发学生强烈的民族认同感，形成国家的观念，让热爱祖国的思想感情深深植根于学生的心中。

例如，《中华人民共和国国歌》是上海音乐出版社一年级二年级都出现过的曲目，在学生刚入学的一年级上册，欣赏的是管乐队演奏的版本。乐曲先由小号吹出如同战斗号角般的旋律，接着管乐合奏加入定音鼓，使乐曲具有雄伟、气势磅礴的音响效果，能给人强烈的感染力和感召力。在《国歌》的教学中，我首先用天安门广场升国旗奏国歌的情景导入课堂，让学生看到挺拔威武的三军仪仗队护旗升旗的庄严场面，再请学生模仿三军仪仗队员的站姿和神态聆听音乐，感受心中对祖国的责任感和使命感，最后启发学生思考哪些场合要演奏或演唱《国歌》，让学生知道国歌是一个国家民族精神的象征，作为一个中国人，要尊重国旗、国歌和国徽，这是热爱祖国最基本的表现。

又如，在上海音乐出版社五年级下册中，《国家》这首歌曲是为庆祝中华人民共和国建国六十周年创作的。歌曲创作的那一年中国举办了举世瞩目的奥运会，也经历了令人悲痛的汶川大地震，全国人民一起经历了一件件大事，克服了一个个困难，每一个中国人都感受到了“国家”的力量，感受到了巨大的民族凝聚力。歌曲以舒展的旋律、赞美的语气表述“国”与“家”的紧密关系，表达全国人民质朴、浓厚的爱国之情。目前，中国正经历疫情反弹带来的严峻考验。在课堂中，我请学生在歌曲第一段平稳的旋律中，回顾汶川地震令人痛心的画面，在第二段舒展赞美的歌声中回顾了奥运会开幕式的壮丽辉煌时刻，让学生在心绪满怀的情景下，加入手语动作演唱歌曲。介绍歌曲的背景之后，结合当下面临的疫情困难，请学生欣赏自己身边大白辛勤工作，志愿者热情帮忙的场景，最后在声情并茂的歌声以及朗诵“国是我的国，家是我的家”中将课堂推向高潮。在音乐推动情绪的过程中，让学生懂得“国家”的含义，激发学生对祖国的热爱之情。

三、在音乐中提升文化自信

文化自信是一个民族、一个国家以及一个政党对自身文化价值的充分肯定和积极践行，是对其文化的生命力持有的坚定信心。党的十八大以来，习近平主席曾在多个场合提到文化自信。“文明，特别是思想文化，是一个国家、一个民族的灵魂。无论哪一个国家、哪一个民族，如果不珍惜自己的思想文化，丢掉了思想文化这个灵魂，这个国家、这个民族是立不起来的”。我们中国有博大精深的优秀传统文化，它能“增强做中国人的骨气和底气”。弘扬中华优秀传统文化，我们教育者责无旁贷。

在小学音乐课堂中，我们应该不遗余力，挖掘传统文化的精华，引导青少年充分了解和汲取中华民族历史文化中的有益营养，帮助他们在历史背景和传统文化学习中形成文化自信，培养学生的民族自信心、自豪感。

例如，上海音乐出版社五年级上册中的歌曲《游子吟》，是音乐家谷建芬根据唐代诗人孟郊的古诗谱曲而成的。歌曲曲调婉转、悠长，描绘了母亲灯下为儿缝补衣裳的情景，表达了母亲不辞辛劳盼儿早归的深厚情感，表现了中华传统文化之美。课堂中，我通过三年级的《读唐诗》导入课堂，回顾中华传统诗词的语言之美、韵律之美。然后在旋律学唱中，通过连贯的气息、声断气连等不一样的处理方式，表现歌曲旋律和节奏中的气韵之美。最后在表演母亲不辞辛劳的“临行密密缝”中，在“意恐迟迟归”的殷殷期盼中，表现中国传统女性身上的母爱光辉之美。

又如，上海音乐出版社五年级上册唢呐独奏曲《庆丰收》，在演奏者娴熟的技艺表演下，充分发挥了民族乐器唢呐高亢嘹亮的音色表现力，生动描绘了农民们在欢庆丰收时的心情。课堂中，我让学生通过堂鼓的节奏伴奏、哼唱旋律、锣鼓经伴奏、秧歌十字步等方式感受唢呐的音色，体验乐曲一领众和的演奏形式以及满怀喜悦的情绪。这些丰富多彩的音乐活动，让学生不自觉地投入到欢庆丰收的氛围中，音乐吸引了学生，学生喜爱中国民族传统音乐，民族文化融于内心，从而增加学生的民族文化自信心和自豪感。

四、在音乐中塑造健全的公民人格

一个人的人格表现在知、情、意、行等各个方面，包括个人的认知能力、行为动机、情绪反应、人际关系、态度信仰、道德价值等。学生公民人格的塑造具体的范围很宽泛，比如要培养学生良好的行为习惯，养成社会责任感，培养学生独立自强的意志品质，引导学生与人为善，学会理解和尊重他人，增强团队意识、合作精神等等。“音乐能使人的道德高尚起来”，在小学音乐课堂中，我们要挖掘教材中相关的育德点落实到音乐课堂实践中，在音乐活动中培养学生良好的行为习惯和意志品质。

上海音乐出版社二年级下册中的学唱歌曲《我是一粒米》是一首叙事性的儿童歌曲，通过三段歌词用拟人化的手法讲述了一粒米从不被珍惜到被好好爱惜的经历和感受。现在的孩子衣食无忧，他们很难体会到粮食有多来之不易。在歌曲的教学过程中，我用动画让学生了解一粒米的生长过程，通过律动体会农民伯伯种地的不易，再用故事的形式让小朋友代入小米粒的角色演唱歌曲，体会从不被珍惜的生气，到被好好爱惜的开心，让小朋友通过歌曲的学唱，律动的感受，角色的扮演懂得节约粮食、尊重他人劳动成果的道理。

又如，上海音乐出版社二年级下册中的欣赏曲目《在钟表店里》，旋律轻松欢快，表现出了钟表店热闹工作的情景，乐曲还采用了造型性表现手法，模仿演奏出钟表店挂钟、闹钟、怀表等各式钟表有规律的“嘀嗒”声和“咔嚓”声。在本节课的教学过程中，我设计了多个环节，围绕德育目标进行“自强合作”德育教育。在钟声旋律的模唱中，让学生懂得珍惜时间，做一个自强自立的人；在模仿各种钟表的愉快律动中，引导学生养成自尊自信的品格和积极乐观的性格；在聆听三段不同音乐以及与同伴的交流中，引导学生学会理解和尊重他人；在小乐器的节奏伴奏中，引导学生认识合作的意义，增强团队意识、合作精神。整堂课，学生都在有序参与集体音乐实践活动，在与同伴的合作学习中了解音乐课堂的学习规范，知道音乐实践活动的基本规则，愿意表达自己的音乐学习愿望并学会聆听他人的感受，从而养成学生自尊自爱的品格，增强学生的团队意识和合作精神。

有一位音乐教育家曾经说过“音乐教育事业对和谐社会的构建、对人格培养有着重大的作用，它所承载的不仅是音乐学科知识的传授，还承载着‘人的教育’的神圣使命”。在小学音乐教育中，通过有意识的课堂实践探索，潜移默化地引导学生形成良好的政治认同、国家意识、文化自信和公民人格。在音乐中丰富学生的情感体验，发展学生的审美能力，促进学生精神世界的发展，达到立德树人的教育目的，不断实现人的发展。

建音乐形象　树德育价值观

浦东新区东波小学　姚冰馨

习近平总书记说过："国无德不兴，人无德不立。"这说明了"德"对于一个人，乃至一个国家的重要性。从近年来不断上升的未成年人犯罪率可知，更多的家长、教师一定程度上忽略了学生德育方面的培养，使尚未形成正确人生观、价值观的青少年承受了本不该有的痛苦，给家人、社会造成了较大的伤害。青少年德育教育的好坏，不仅关系到个体的未来成长，更直接影响到整个民族素质的高低，乃至国家整体文明的继承和发展。加强学科德育教育，对学生未来的发展有着不可或缺的重要性。

2022年版义务教育新课程标准指出：以习近平新时代中国特色社会主义思想为指导，全面贯彻党的教育方针，遵循教育教学规律，落实立德树人根本任务，发展素质教育。以人民为中心，扎根中国大地办教育。坚持德育为先，提升智育水平，加强体育美育，落实劳动教育。反映时代特征，努力构建具有中国特色、世界水准的义务教育课程体系。聚焦中国学生发展核心素养，培养学生适应未来发展的正确价值观、必备品格和关键能力，引导学生明确人生发展方向，成长为德智体美劳全面发展的社会主义建设者和接班人。

由此可见，建立学生正确的德育感情价值观、培养学生良好的道德情操、塑造学生健全健康的人格心理，是小学音乐学科教育中不可推卸的重任，也是我们在职一线音乐教师需要始终研究的课题。那么，如何更好地在音乐课堂中融入德育核心价值观呢？如何既让学生享受刻音乐学科中的审美体验，又让德育育人价值观深入他们幼小的心灵呢？

一、音乐学科的特性

音乐工作者运用音乐反映社会生活、表达思想感情。不像看得见摸得着的图画、雕塑等艺术形式，音乐看不到摸不着，往往比较抽象，加之音乐表现的复杂性，听懂音乐并不是一件太容易的事，对于孩子们尤其如此，它需要较丰富的知识积累和音乐形象感知能力。

舒曼认为“音乐形象是音乐思想内容的体现”。运用音乐手段塑造出的艺术形象就是音乐形象，无论声乐作品还是器乐作品都是有形象的，是可以为人们所感受的。好的成功的音乐，其形象准确、鲜明、生动、完整，有明确的表现意义和积极崇高的社会美学价值。要在音乐课堂中培养、树立学生正确的育人核心价值观，就必须让学生听懂乐曲，正确理解作品，这就需要学生具备感知音乐，理解音乐形象的能力。

每一部音乐作品都有着不同的主题，每个主题的背后都隐藏着作品的音乐形象，只要具备一定能力，音乐形象才是可以被感知的，但要让学生准确理解音乐形象确实有着相当的难度。俄国文学巨匠托尔斯泰说：“音乐是艺术中的艺术”，这既赋予了音乐崇高的艺术地位，同时也是在说对音乐的准确理解是存在一定困难的，需要对音乐有一定的感知能力。我们的任务就是要让乐音作用于学生的听觉，由此产生联想，从而在头脑中形成明确的艺术形象——培养学生的音乐感知力是我们音乐教师的重要职责。

如何更好地启发、引导、培养学生感知、理解作品中音乐形象的能力就成为学生是否能够通过音乐作品树立正确德育核心价值观的关键。

二、音乐形象的三个层次

人们在聆听作品时，可以产生三个不同的感受层次：能感悟到音乐的美，但仅限于觉得动听悦耳，这是最低层次感官的欣赏；能随音乐和情绪的变化产生共鸣，并产生喜怒哀乐的情绪感应，这是第二层次感情的欣赏；能悟及音乐要素所要表达的某种情感，并在脑海中准确地浮现出与之相同或相近的种种画面——音乐形象——这是最高层次的理性欣赏。三个层次只能依次发展——第二层次以第一层次为基础，第三层次以第一、二层次为基础。

即使是低年级的学生，主要由听觉参与的第一层次的感受也不难达到，第二层次需要感情与情绪的参与，就较为困难了，而到达第三层次必须有联想、理解的参与，靠欣赏者的再创造来完成，当然更困难些，但决不是高不可攀。我们在培养学生欣赏能力时，应该逐次渐进——立足第一层次，着眼第二层次，向第三层次努力。

比如二年级欣赏课《水族馆》的教学，我先让学生倾听乐曲，他们普遍表示“好听”；我请他们说说感受到了怎么样的情绪？他们有的说“感到高兴愉快活泼”，有的说“很神秘，像是到了未知的世界”，这说明学生的感受处于第一和第二层次。之后我让他们再次聆听乐曲，并随着音乐想象自己心目中水族馆的画面。乐曲结束后我要求同学们把想象画到纸上。不久，孩子们丰富的画作呈现在面前：有的是无数游弋着的形态各异色彩斑斓的小鱼，有些鱼还住进了有似宫殿般的小房子；有的是灵动飘舞、长长短短的海草，鱼儿自由穿梭其间；有的把海水画成了神秘的五颜六色，蟹虾鱼龟各有所居……这说明学生对《水族馆》的感知已经进入了第三层次，对聆听到的乐音进行了形象的塑造。

最后，在教师总结部分我告诉他们：“孩子们，你们所画的这些活泼可爱、形态各异的小鱼们需要我们小朋友的帮助。近年来，人们常常在江、河、海中投掷垃圾、污染物，造成大量海底生物将近灭绝。长此以往，我们就会再也看不见那么活灵活现、色彩斑斓的小鱼了。小朋友们，你们有什么好的方法来帮助小鱼以及他的海底朋友吗？”孩子们争先恐后、纷纷举手，有的说：“以后再也不会往河水里扔垃圾了。”有的说：“如果看到有人往河里扔污染物要及时劝阻。”还有的说：“要画一张小报，挂在小桥边，提醒人们要保护自然”……

听到小朋友们的回答，我的心里有点甜，因为教学实践告诉我们，只要我们不懈努力，学生对音乐的感知、理解能力是可以培养提高的，久而久之就能通过音乐形象这座桥梁，走进瑰丽多彩的音乐世界，在感受到奇妙的艺术魅力的同时，树立正确的德育价值观。

三、德育价值观形成策略

在日常音乐课堂学习中我还常常运用以下策略来帮助学生感知、理解音乐形象，进而养成学生德育价值观：

1. 作品标题含义讲解

在语文写作中，用一番话对文章题目的要义做出解释，叫做“破题”。在感知、理解音乐形象的训练中也需要这一技巧。虽然小学音乐教学涉及的作品大都有一个明确的标题，但由于学生年幼，特别是一、二年级，在学生欣赏作品之前，教师对学生的引导启发对于帮助学生正确理解作品育人价值观有着极大的作用。

如二年级第二学期《洋娃娃和小熊跳舞》一课，教师可以这样“破题”：在一片茂密的树林里，有一座漂亮的城堡；里面住着一头可爱的小熊。今天是小熊的生日，他决定在城堡里 举行一个盛大的舞会，邀请他所有的朋友参加。小熊最好的朋友洋娃娃当然也高兴地出席了舞会。舞会上小熊拉着洋娃娃，和着乐曲欢快地跳着舞。

有了这样的“破题”作为铺垫，小学生就容易联想出明快舒畅、热闹活泼的舞会场面，以及舞蹈中可爱的洋娃娃和憨厚的小熊的音乐形象，进而在潜移默化中领会到小朋友间团结友爱的可贵这一育人核心价值观。

2. 朗读理解歌词

相比于对旋律感情理解的困难，歌词则容易读懂，它完整表达了歌曲所要表达的内容，因此歌词对准确理解音乐形象具有特别重要的作用，是培养塑造音乐形象的重要抓手。教唱歌曲前，教师应该引导学生认真朗读歌词，体会歌词的寓意，从中提高乐曲的理解力。

如教唱《国歌》前，我带领同学们认真朗读：“起来！不愿做奴隶的人们！把我们的血肉筑成我们新的长城……冒着敌人的炮火，前进！前进！前进、进！”。朗读之后，让学生仔细体会这歌词所包孕着的内涵：这是中华民族不屈的呐喊，是人民惊天动地的奋起，是中华儿女的血性，是英雄与力量淬炼的铮铮雄风，它自诞生以来始终鼓舞着中国人民团结一致战胜一切困难……

经过朗读歌词环节之后，学生在学唱《国歌》时，脑海中就会浮现出顶天立地的中华民族形象。在以后的成长道路上懂得要爱国、尊敬国旗与国徽，从而在头脑中形成国家的观念、意识。

3. 人物角色扮演

在音乐教材中常常会出现一些特定人物，虽然教材中已经有了一个明确的标题，但是学生还是很难理解。特别是在上音乐欣赏课的时候，学生通过仅有的标题还是不能够完全感知到音乐的形象。所以，在教学设计的时候，教师可以安排一些角色扮演的活动来帮助学生更进一步地理解作品中的音乐形象。

如三年级的《森林铁匠》一课，教师可以在教学过程中分小组，根据音乐的变化让学生模仿铁匠打铁的场景。他们中的有些可以生火炉，有些可以单手打铁，有些可以双手用力打铁；随着音乐不断推向高潮，他们越来越忙碌，打铁的速度也越来越快。

有了这样的“角色扮演”活动，小学生就容易联想出音乐中的铁匠是如何打铁的场景，以及铁匠认真、忙碌工作的音乐形象，进而结合本单元主题在潜移默化中让孩子们懂得要学习铁匠做一个“爱劳动的人”。

4. 讲述音乐故事

结合教材讲音乐故事，将古今中外音乐家传记、名人与音乐、趣闻轶事、作品珍闻等告诉学生，也有助于音乐形象的建构，实现育人价值观的渗透。

如在教学《卖报歌》时，我说道：1933 年秋天的一个傍晚，人民音乐家聂耳在上海马路上看到一位正辛苦叫卖报纸的小姑娘，跟她聊了起来，知道她父亲有病，家庭生活非常困难，他就想写一首歌反映卖报儿童的悲惨生活。他请词作家写好了词，还加入了“七个铜板能买两份报”一句，便于小姑娘边唱边卖。聂耳怀着对卖报儿童深切的同情，为歌词谱上曲，朗朗上口的《卖报歌》诞生了，它其实是对黑暗社会的控诉。

小朋友都非常喜欢听这类音乐故事。通过对作品故事的了解，会有助于音乐形象的建构。通过革命年代和当代儿童歌曲、童谣的学习，在作品创作背景对比中，感受新旧两个时代不同的生活面貌和境况，激发学生对新中国的热爱之情。

5. 音乐情景创设

小学生好动，表现欲极强，结合教学内容做情景创设，尤其受到小学段学生的欢迎。教师根据作品为他们编排形体动作、指导表演，有助于音乐形象的树立，同时也可加深他们对作品育人价值的理解。

例如在教学《中国少年先锋队队歌》时，可以在音乐表现环节创设如下情景，让前排同学表演手擎队旗、二排同学表演吹号、三排表演敲鼓、后排同学都高举队礼，全体边踏动整齐的步伐边齐唱，少先队员们作为共产主义事业接班人的骄傲自豪感油然而生。

通过学习爱国主义、集体主义题材的歌曲，激发学生对国家产生自豪与热爱之情，并知道要珍惜来之不易的幸福生活。

良好的道德品行是一个人的灵魂，也是一个国家民族的灵魂。义务教育课程规定了教育目标、教育内容和教学基本要求，体现国家意志，在立德树人中发挥着关键作用。而帮助未成年人建立正确的道德标准是每一位教师应尽的责任。小学音乐更是义务教育阶段国家课程中的有机组成部分，是面向全体小学生普及艺术教育的主要渠道之一，是学校实施美育的重要途径，具有其他课程无可替代的作用。因此，在小学音乐学科中开展德育研究是一个值得深入探讨的重要课题。

小学音乐教学中培养爱国主义情感的实践与研究

浦东新区泥城小学　宣　航

小学阶段是素质教育的起始阶段，同时也是一个人三观形成的关键时期，因此小学阶段的教育必须重视德育教育的开展。将德育教育有效地浸润到小学音乐教学中还能够潜移默化地提升学生的爱国主义情怀，增强学生的集体意识，帮助小学生从小建立正确的人生观、价值观。小学音乐教师，应该本着为小学生的发展充分负责的态度开展小学音乐教学，充分挖掘音乐教学中的德育素材，有效开展爱国主义教育，帮助小学生建立正确的三观，促进其学科素养的养成。

一、小学音乐在开展德育教育中的优势

音乐是小学阶段的必修学科，同时也是有效开展德育教育的重要学科。音乐本身属于一门表达情感的学科，音乐教材中较多作品都蕴含着重要的德育内容，比如教导学生热爱祖国的《国歌》《我们把祖国爱在心窝》；教导学生要勤奋、爱劳动的《劳动最光荣》《勤快人和懒人》；教导学生要珍惜粮食的《我是一粒米》等等。恰当地利用这些特点，促进音乐学科中的德育教育，取得理想的教学效果，对小学生的全面发展也有较大的帮助。小学生在学习音乐作品的过程中接受德育教育，容易让小学生对音乐情境产生共鸣，这种情感是与音乐作品有着密切的关系的。音乐教育是有效开展品德教育的美育手段之一。小学

音乐学科开展德育教育，还具有直观优势。音乐情感表达直观，也能够取得直观的教学效果。教师结合具体的音乐意境，促进德育教育，让学生产生强烈的共鸣，能够产生较好的德育作用。

二、爱国主义情感培养在小学阶段的重要性

爱国主义是中华民族的优良传统，历来是动员和鼓舞中国人民团结战斗的一面旗帜，是推动我国社会历史前进的巨大力量，也是全国各族人民的精神支柱。爱国主义教育是学校思想工作的永恒主题，江泽民同志曾经说过：“要继承和发扬爱国主义精神，更要加强学校对学生的爱国主义教育，体现中华民族传统精神。”今天我们培养的学生将面对世界、面对祖国、面对未来，只有从小接受良好的爱国主义情感熏陶、培养学生的爱国主义情感，长大后才能以赤诚之心热爱祖国，为祖国做出贡献。

中国的历史文化博大精深、源远流长，是每个中华儿女的宝贵财富。如果没有对祖国的了解，就根本谈不上爱国。庄严的国旗国徽是我们国家尊严的象征，辽阔的疆土和旖旎的自然风光是我们无尽的骄傲，传诵千古、可歌可泣的英雄人物是我们最好的榜样，蕴含着成败经验的历史是我们的一面镜子……我们要针对不同时期学生的心理特点，采取多种途径、多样形式进行生动活泼的教育，让孩子在潜移默化中领会到爱国的真正含义，在耳濡目染中培养爱国情怀。

三、小学音乐中不同学段学生的爱国主义教育方式

1. 低年段学生在情境中进行模仿

低年级学生活泼好动，兴趣广泛，好奇心强，对简单的事物易于接受，注意力集中不够持久，但他们容易被生动有趣的故事情节和色彩鲜艳的活动教具所吸引，思维主要是根据直观形象的外在属性进行概括。因此，在音乐教学中常会使用创设情境、模仿、观看视频等方式调动学生的学习兴趣以及注意力，让他们能够更好地感知音乐、学习音乐，在音乐的学习过程中接受德育

教育。

比如一年级的歌唱课《我们爱国旗》，我提前几节课进行铺垫，向同学们介绍了我们的国旗——五星红旗，告诉大家国旗是我们国家的象征，无论我们到哪里，国家都会保护我们，看到五星红旗就像看到祖国妈妈一样亲切。并且提醒每位学生回忆一下升旗仪式时自己是怎么站的，不知道升旗时该怎么表现的小朋友可以留意一下前面的护旗手大哥哥大姐姐是怎么站的。孩子们就在每天早晨升旗时观察并且模仿着，下一次的课堂上，他们纷纷踊跃举手说道“升国旗时我们应该立正站好，敬礼，眼睛也要盯着国旗”。在正式教唱《我们爱国旗》这首歌曲时，正值国庆前夕，我用一段升旗仪式片段作为导入，孩子们看到解放军叔叔举着国旗，踏着庄严的步伐向前迈进，那整齐的摆臂、如出一辙的踏步让孩子们十分震撼，当国旗伴随着国歌冉冉升起时，画面中各族人民纷纷行上庄严的注目礼，我们的学生看到后也更加严肃了，壮观的场面令大家的心中升起一股民族自豪感。之后我又利用图片创设了我们正在操场上参加升旗仪式的情境，激发孩子们的学习兴趣。歌曲结尾处喊出的“敬礼”二字是一大特点。当时一年级新生尚未加入少先队，还没正式地敬过礼，我用一张有4个学生敬礼的照片让孩子们找找哪位同学的敬礼最标准，在这个环节中教会了学生如何正确敬礼，初次学会正规敬礼动作的他们十分激动，雄赳赳气昂昂地在歌曲结尾处向国旗致敬。

待孩子们学会了歌曲的演唱，大家就能顺利参加我们特殊的“升旗仪式”啦！我拿出精心准备的国旗，当一大面国旗出现时，教室里涌现一声声的“哇！”，根据课堂表现，我邀请一名学生来尝试挥动国旗，营造一种迎风飘扬的感觉，请全班同学用美妙的歌声赞美我们的国旗，向国旗唱出我们的爱。“五星红旗多美丽，迎着……国旗国旗我爱你，敬礼！”动听整齐的歌声在教室上空回荡，飘扬的五星红旗带给孩子们视觉上的震撼，纷纷面向国旗敬上一个标准的礼，表达对国家、对国旗的热爱。

全班同学整齐有力的歌声、齐刷刷的敬礼令我感动，同时也有一种自豪感涌上心头。想想如此懵懂的小学新生，在自己的音乐课堂上学会了敬礼，学会了面对国旗时的庄严肃穆，学会了用歌声向国家、向国旗表达热爱，从未如此认真过的他们一改往日的嬉皮笑脸，更让我看到了德育教育的重要性。果然，兴趣是最大的老师，根据低年级学生的心理特性，采用创设情境、模仿、实物吸引等方式引起了学生的学习兴趣，提高了课堂的学习氛围，真正做到了用我们的音乐课，帮助引导学生形成正确的价值观、人生观和世界观，从小培养学生的爱国之心。

2. 提升中高年段学生歌词理解能力

中高年级学生经历了几年的小学学习，不仅在音乐上有所积累，语言能力更是大有提升。一首歌曲中，歌词往往最能表达其中心思想，歌词就像是一本书的序言，它提炼出整首歌曲的精华，表达歌曲最深的思想。这个阶段的学生有一定的语言文字基础，对歌词稍加解析后就能更好地理解歌曲表达的含义，体会其中感情。“中华五千年，英雄千千万”。中华五千年的历史就像一幅浩瀚的画卷，无数爱国才俊就是镶嵌在这幅画卷上最耀眼的明珠。我们可以适当增加一些国情知识教育，播放一些比较成熟的爱国影片片段，让学生对祖国发生过的故事有一定的了解。能够拨动孩子心弦的教育一定是能让他们的心灵受到震撼的教育，这些充满正气、触动心灵、记载着社会发展轨迹的素材能让孩子产生一种前进的动力，萌发爱国的意识，催生爱国的情感。

五年级的《妈妈教我一支歌》是一首诞生于中国共产党成立60周年前夕的赞歌，歌词中三代人从不同的时代层面出发，唱出对中国共产党的一往情深和不变的信任。在这首歌曲的欣赏中，我以电影《开国大典》的片段作为导入，五年级学生对于这样比较成熟的影片是可以看懂的，通过片段使学生明白：是伟大的共产党领导人民建立了新中国，并且带领我们走向了光明和幸福。本课虽然只是欣赏课，但我在课堂中请学生简单学习了主要的歌词部分。歌曲中再现了《没有共产党就没有新中国》的主题乐句，并且与全曲融为一体，于是我在哼唱歌曲旋律前请学生听了听《没有共产党就没有新中国》的片段，对比歌曲《妈妈教我一支歌》找一找哪句旋律或歌词是相同的，学生很准确地找到了“没有共产党就没有新中国”，这句歌词在歌曲中也是反复出现，旋律深入人心。由于歌曲中反复出现这句歌词，也是歌曲的中心思想，我请学生声情并茂地朗读整首歌曲的歌词，一起理解“没有共产党就没有新中国”的内涵，邀请学生讲一讲自己知道的革命小故事，讲一讲心中的英雄人物。毛泽东、周恩来、刘胡兰、董存瑞等等，五年级的学生知识面还是比较广阔的。整堂课将爱国元素贯穿始终，红歌、英烈故事、爱国短片、朗诵歌词等等都在潜移默化中加深着学生对于“爱国”这个词的理解。在最后的总结交流中，学生也能比较轻松地说到点上，能够理解歌曲的中心思想。

中高年段的学生有一定的知识储备，也有比较充足的理解力，当他们在课堂上说出自己知道的几个爱国英雄人物的小故事时，我惊讶于他们对爱国故事的了解程度，也欣慰于他们的爱国情怀，这些既平凡却又震撼心灵的爱国华彩，就足以唤醒现代孩子对于榜样的最深刻的记忆。让这些爱国英雄人物形象深深植根于幼小心灵深处，让孩子从小就对英雄人物的行为有一种认同感，也便于学生理解歌词中唱到的内容。

教育不仅仅是教学，更是德育的浸润，当代少年生活在信息化的时代，更加需要老师在平时的课堂中引导学生拥有正确的人生观、价值观。在音乐的欣赏、分析、体验、实践及师生、生生合作中，真正让学生的精神世界发展，才能从音乐课堂中获得多方面的滋养，在发展对外部世界的感受、体验、认识、欣赏、改变和创造等能力的同时，不断丰富和完善自己的生命世界，体验丰富的学习人生，满足生命的成长需要和认识自我，发展自我意识与能力。我们要把爱国主义融入每节课、融入每件事中去，由近及远，由抽象到具体，由情感熏陶到道德情操，让爱国主义成为我们教育的主旋律！

浅谈德育在小学音乐教育中的实施

浦东新区民办正达外国语小学　刘思宇

中小学阶段是德育教育的重要阶段，作为音乐教育工作者要积极结合音乐学科的特色开展德育教育，发扬艺术类学科人文底蕴的优势，加强德育教育，帮助学生做到德智体美劳全面发展。而小学作为九年义务教育的起点，对学生的重要性无须多言，小学教师在承担教学任务的同时，更应该做到育德处处。

一、德育在音乐教育中的展开方面

绍义光在其学位论文《音乐的德育功能研究》中从三个不同的角度论述音乐教育和德育之间的关系，分别是：从存在方式上看，音乐和德育是相互辅助的关系；从现实状态上来看，音乐和德育是内在交融的关系；从动态过程来看，音乐和德育是彼此互化的关系。

德育在音乐教学中的展开形式我们可以从广义和狭义两方面来探讨。狭义的音乐教育更多指围绕九年制义务教育课本的音乐课堂。每堂课都有清晰的目标和重难点。广义的音乐教育可以围绕关于音乐的方方面面来展开。即当有音乐出现的地方，都可以看作是一个音乐教育的契机。

二、德育在音乐课堂教学中的实施

音乐课堂中的德育启发是一堂课的点睛之笔，教师可以从教育者本身、教材、学生主体这三方面来进行探索。

1. 深入研究教材，明确德育目标

小学音乐教材内容丰富多样，涵盖了政治认同、国家意识、文化自信、公民人格多个维度。教师在备课期间要找到对应的维度将德育目标和策略确定下来，这样在之后的授课中，就能做到有的放矢。

例如沪教版三年级第二学期第一单元中的欣赏课《新春乐》，该课对应“文化自信”中“历史文化”这一德育目标，着重体现传播中华民族的优秀传统文化，弘扬民族文化软实力。明确这一德育目标之后，我在课堂中运用了视频欣赏、情境回顾、传统歌舞创编表演等方式，沉浸式地将新春的场景再现在课堂中，引导学生在学习过程中将我国的传统节日文化特色铭记在心，达到德育效果。

2. 加强教师个人素养

著名教育家陶行知先生曾说“学高为师，身正为范”，强调教师必须专业知识能力过硬，技能熟练，同时还强调作为一名教师应有良好的道德素质。在日新月异的时代发展中，教师应当时时鞭策自己，与时俱进，不拘泥于书本上的现有内容，能够勤学善思，将新的、好的方式方法融入课堂，时常交流探讨、观摩赛课，吸取国内外的优秀教学经验、开拓视野，积极实践、改进教学，告别“教教材”的思维习惯，朝着课程的建设与开发者的目标前进，在不断自我改进的过程中，搭造更完善的教学体系，推动课程的发展。

例如大家熟知的三大教育体系：达尔克罗兹、奥尔夫和柯达伊。如何将它们更好地融入传统音乐课堂，而不是生搬硬套，是需要音乐教育者们积极实践和探索的。这种探索的精神也会影响学生对课堂的关注度和参与感。秉持这样实践反思、积极创新的教育精神，教师以身为范，能更好地带动学生积极投入课堂，感受音乐的魅力。在沪教版三年级第一学期第二单元歌唱课《快乐的歌》中，我就用到了奥尔夫教学法中的声势律动来引导学生为歌曲伴奏，期间不仅用到了课堂中常见的拍手、捻指等声效，还借助了杯子这一道具，丰富学生对声势的感知和体验，将奥尔夫的创造性、综合性、参与性等特点融入课堂，深化学生对音乐的感知。

3. 尊重学生主体地位

教师在课堂中的角色更像一位领路人，而路程需要学生自己去体验和探索。在音乐课堂中，老师为了多维度地引导学生感受音乐，表达情绪，会设计丰富的课堂活动。老师教授和示范的部分不可占据大幅时间，应将课堂还给学生，多启发、引导，让积极思考的种子在学生的学习习惯中发芽，以老师引领学生，学生带动学生的形式，将课堂展开，培养学生自主学习的能力，积累实践经验，激发学生自强合作的良好愿望。

例如沪教版二年级第一学期第四单元的欣赏课《暴风雪》，我从不同的音效播放，引导学生思考听辨哪一种是自然音效。通过自制乐器伴奏和分角色表演，让聆听这一方式贯穿课堂，以提问的方式引导学生主动思考和创编不同音乐代表的自然景象。在简短问题的推动下，学生自主完成了“音乐主题场景的听辨”“自制乐器配乐”和“场景动作创编”这三种类型的综合表演，激发了学生探究和创新的欲望，从而将学生引入课堂主体位置，使其积极思考，主动克服教学重难点，最终达到教学目的。

三、德育在课外音乐活动中的展开

音乐教育不止在音乐课堂的35分钟，在很多活动中，我们都可以找到音乐教育的契机。

1. 学校氛围

校园文化同样离不开音乐，大到校际活动，小到课间十分钟，都能通过音乐文化来体现学校的教育理念和基调。以我所在的学校来说，就能很好地感受到这一点。“正达”的课间是被优美、宁静的音乐环绕的，每次下课都能听到同学录播的亲切的下课提醒，这无形之中拉近了学生们之间的距离。舒缓、宁静的音乐能让人自律平和、积极思考。而“正达”学子的课间十分钟都在这样的音乐氛围中浸润着，衬托着学校对学子们“正气”“大气”“雅气”“灵气”的期望。不仅在课间，在入学、放学期间学校也有轻快活泼的音乐伴随，让美好的音乐充斥在校园的每个角落，无形之中滋养着学生们的心灵。

2. 校队与社团活动

丰富的社团和校队活动可以说是一所学校的文化窗口。德育教育可以融合进合唱队、管乐队、民乐队、舞蹈队、鼓号队等等校队社团中。在团体中学生们会接触到各个国家和民族的特色音乐文化，在歌曲的学唱中增强民族自豪感，增加文化自信，了解不同国家地域的音乐风格和音乐背景。在表演过程中，同学们还锻炼了个人的舞台表演能力，能够大方展示自己。合作演出还能锻炼学生的自强合作的能力。如果作品打磨得精致还有机会与社会平台合作，得到更多的自我提升。这些都是在课堂上不可多得的德育教育。

人格品德是一个人的成长底色。在小学阶段，这一方向的把关和塑造将深深影响一个孩子人格的形成、发展。在音乐教育中，德育教育是不可或缺的一盏明灯。作为一名教育工作者，更要抓好德育教育，承担起老师的责任和义务，为弘扬民族音乐文化，研究和发展有中国特色的音乐教育贡献绵薄之力。

教学设计

《快乐的诺苏》教学设计

浦东新区万科实验小学　倪瑜薇

【课　　程】小学音乐

【教　　材】上海音乐出版社《音乐》

【年　　级】三年级第一学期

【教学内容】第一单元　《快乐的诺苏》欣赏课型

【教学任务分析】

一、教材分析

《快乐的诺苏》原为舞蹈作品，由四川凉山彝族自治州文工团于1962年创作演出。“诺苏”是彝语的音译，意即“彝族”，“快乐的诺苏”即“快乐的彝族人”。这是一部表现民主改革以后，凉山彝族人民打破千年的奴隶枷锁，成为掌握自己命运的主人后，自由、幸福、快乐生活的舞蹈作品。后来该舞蹈作品的配乐被改编成手风琴、古筝、二胡、钢琴等多种乐器的独奏曲以及民族弹拨乐曲等。

弹拨乐合奏《快乐的诺苏》由作曲家张式业改编，富有浓郁的民族风格。乐曲分为A（2/4拍）—B（3/4拍）—A’（2/4拍）三部分。在简短、热烈的前奏之后，用彝族人民最喜爱的乐器——月琴奏出音乐主题。音乐主题为8小节，曲调短小、流畅，富有舞蹈性的音乐给人一种轻松活泼的感觉，表现了彝族人民载歌载舞、歌唱美好生活的场景。

二、学情分析

三年级的学生对于音乐有较高的学习兴趣。通过两年唱游课的积累，学生对于课堂的基本常规已经有了一定的了解，能做到安静聆听歌（乐）曲，具备良好的音乐课堂学习习惯。本课选自第一单元“来跳舞”，是一首具有彝族民族风格的弹拨乐合奏。在本单元中，学生已经欣赏了维吾尔族、土家族、朝鲜族的民族歌（乐）曲，但对于彝族这一民族还较为陌生。因此，欣赏和感受乐曲情绪，想象彝族人民载歌载舞的音乐情景，是本课的重点之一。对于三年级的学生而言，学生的表现力较强，能用语言和肢体动作表现音乐，但在辨别乐曲情绪和感受节拍变化这两方面，需要积极引导。

三、德育指向

《快乐的诺苏》这一课对应“政治认同”中“发展道路”这一德育目标。学生在音乐的情景故事中，了解新中国成立后彝族人民社会生活的发展变化，并通过聆听感知、哼唱主题、舞蹈律动等音乐活动，感受彝族人民欢度节日的喜悦之情，体会音乐所表达的彝族人民翻身解放后歌唱美好生活的真挚情感，从而促进其对中国特色发展道路的认同感。

【设计思路】

一、《快乐的诺苏》作品与拓展素材的德育开发

《快乐的诺苏》是由彝族舞蹈作品改编的弹拨乐曲，情绪活泼、欢快，曲调精巧流畅，全曲描绘了彝族人民对幸福生活的向往与热爱。其中“诺苏”是“彝族人”的彝语音译，乐曲的主题即为“快乐的彝族人”。本课以民族元素为切入点，教师提前制作了《小诺苏的自述》这一拓展素材，通过欣赏乐曲、了解乐曲的民族背景和音乐形象，学生能从多种角度感受到乐曲欢乐、活泼的情绪，从而激发学生对我国民族文化的热爱，推动学生在学习、欣赏音乐文化的过程中形成对国家意识中发展道路的政治认同。

二、德育素材在教学环节中的落实

乐曲《快乐的诺苏》原是一支舞蹈作品，由冷茂弘编导，1959 年由四川省凉山彝族自治州文工团首演，具有浓郁彝族风格，作品流露着彝族人民对幸福

生活的热爱，是第一个反映彝族人民经过民主改革，打碎了千年的奴隶枷锁，成为掌握自己命运的主人后自由、幸福、欢乐生活的舞蹈作品。在本课中，我以乐曲标题中的“诺苏”一词为切入点，带领学生了解“诺苏”的含义及其背后蕴含的彝族文化与音乐特点，调动学生对民族音乐文化的兴趣。在此基础上进一步落实德育教育，激发学生的国家意识，推动学生德育素养和审美能力的进一步提高。

三、教学策略

本课的教学内容为欣赏教学，为了能更好地调动学生学习积极性，启发学生感受乐曲中蕴含的德育内涵，在教学过程中我主要运用了“情景故事策略”。在乐曲导入环节，学生通过聆听小诺苏的故事，在故事情景中初步了解彝族这一民族的发展历程和风土人情。欣赏乐曲时，则采用了分段欣赏的方式，学生通过模唱乐曲主题、学跳彝族舞曲、听辨乐曲节拍变化等音乐活动，激发学习和欣赏的积极性，促进学生对乐曲的理解与感受。最后，在综合表演的过程中，学生能将课堂之中掌握的技能学以致用，并在情景故事的表演中加强对民族音乐的认识与感受，加深对彝族人民走上社会主义道路后生活幸福、欢欣喜悦的理解，以此将政治认同的国家意识潜移默化地浸润到孩子们的心中。

【教学目标】

一、欣赏彝族乐曲《快乐的诺苏》，感受乐曲欢快的情绪，想象彝族人民载歌载舞的欢乐情景，体会当地人民歌唱美好生活的真挚情感。

二、能听辨乐曲情绪和节拍的变化，想象乐曲描绘的情景。

三、通过欣赏聆听、主题模唱、律动表演等音乐活动，在情景故事中加深学生对少数民族音乐的理解与认识，增强对我国发展道路的政治认同感。

【教学重点】

感受乐曲情绪，想象彝族人民载歌载舞的欢乐情景。

【教学难点】

辨别乐曲情绪与节拍变化，体会作品的音乐情感。

【教学过程】

一、导入

1. 欣赏《快乐的诺苏》春晚舞台视频

2. 学跳彝族舞蹈：晃步

（1）欣赏教师示范

（2）学生学跳舞蹈动作

（3）跟随音乐速度开展律动

3. 揭示课题

4. 聆听小诺苏的故事

> 学科德育教学说明：
>
> 1. 学科德育教学策略：情景故事策略
>
> 2. 策略释义：创设“快乐的诺苏”情景故事。通过聆听小诺苏的介绍，学生在情景故事中了解“诺苏”的含义，初步感知乐曲所表达的彝族人民摆脱奴隶枷锁，在新中国正确发展道路的引导下迎来美好生活的喜悦之情。

二、新授

（一）欣赏第一部分

1. 完整聆听乐曲，初步感知情绪

2. 欣赏主题旋律

3. 复听主题旋律，感知音高变化

4. 师生交流音乐情景

5. 用“晃步”表现乐曲第一部分的情景

（二）欣赏第二部分

1. 聆听乐曲第二部分，用声势律动感知乐曲节拍变化

2. 复听音乐，画一画音乐线条

3. 师生交流音乐情景

4. 生生合作表现乐曲第二部分的情景

学科德育教学说明：

学生在哼唱旋律、学跳晃步、情景交流等音乐活动中，感知乐曲节拍、情绪的变化，加深对情景故事的理解，进一步联想乐曲所描绘的彝族人民围着篝火、载歌载舞、欢度节日的音乐画面。在律动表演的过程中，体会乐曲所表达的彝族人民对美好生活的向往之情。

（三）欣赏第三部分

1. 聆听乐曲第三部分，感受乐曲音乐要素的变化

2. 师生交流音乐情景

3. 创编“快乐的诺苏”造型动作

学科德育教学说明：

学生通过对比聆听，感受乐曲第三部分欢快、热烈的情绪，并在伴奏与律动表演的过程中，进一步体会乐曲所表达的彝族人民载歌载舞、歌唱美好生活真挚情感，从而加深对我国发展道路的政治认同感。

三、综合表演

师生合作表演《快乐的诺苏》

四、课堂小结

1. 师生交流所学所获

2. 教师小结

《歌唱祖国》教学设计

浦东新区进才实验小学　李　洁

【课　　程】小学音乐

【教　　材】上海音乐出版社《音乐》

【年　　级】三年级第一学期

【教学内容】第五单元《歌唱祖国》欣赏课型

【教学任务分析】

一、教材分析

《歌唱祖国》作于1950年9月，王莘词曲，展现了中华人民共和国朝气蓬勃、蒸蒸日上的新面貌，在中国的重大升旗仪式（如国庆升旗仪式、天安门广场升旗仪式等）上，《歌唱祖国》常被作为出旗曲在国旗出场之前演奏。

歌曲2/4拍，大调式，由主歌和副歌两部分组成。主歌部分的旋律充满豪情，节奏铿锵有力，表达了全国人民对祖国强盛的赞美之情。副歌部分旋律深情、音域宽广，用三段歌词概括了新中国成长的历史，表达了全国人民团结一心、对祖国繁荣富强的明天充满信心的情感。歌曲两部分主旋律在节奏、音调等方面形成了强烈的对比，不断交替，是一首具有深刻思想性和高度艺术性的祖国颂歌。

二、学情分析

三年级的学生经过两年《唱游》学习，基本已养成静心聆听音乐的好习惯，也已积累了相当的音乐感知、表达和想象能力，对于音乐学习也有着浓厚的兴趣。《歌唱祖国》是第五单元《祖国好》中的一首欣赏歌曲，歌曲创作于新中国成立初期，距离学生生活的年代较为久远，为了更好地帮助学生了解歌曲创作背景、理解歌词的含义，我加入了视频资料、引导学生相互交流来加深感受。由于这首歌曲经常在重大场合被用作礼仪音乐，学生对于歌曲的旋律较为熟悉，所以对比感知歌曲两部分的音乐情绪并不难，但由于歌曲音域较高，且为成人合唱版本，学生跟唱歌曲会有一定难度。

三、德育指向

《歌唱祖国》这一课对应“国家意识”中“国情观念”这一德育目标。学生通过聆听歌曲，观看视频，哼唱主题，朗读歌词，了解新中国的成长历史，感受中国人民勤劳、勇敢，自强不息的精神品质，以及祖国朝气蓬勃、蒸蒸日上的时代风貌，从而生发热爱祖国、赞美祖国的情感。

【设计思路】

一、《歌唱祖国》作品与拓展素材的德育开发

《歌唱祖国》由王莘作词作曲，是一首爱国歌曲。因其明快雄壮的韵律而广为传唱，现在已经成为中国各种重大活动的礼仪曲、开幕曲或结束曲，素有“第二国歌”之誉。一曲《歌唱祖国》凝结了爱国之声、人民之心、民族之魂，传遍全中国，成为亿万中国人民久唱不衰、响遍神州的“金曲”和跨世纪的音乐经典之作。本课中，除原有的合唱版本外，我还选用了人民解放军军乐团演奏的铜管乐版本和北京奥运会开幕式中的童声独唱版本，由此让学生感受同一首歌曲在不同时代、不同场合给予人们的精神与力量。

二、德育素材在教学环节中的落实

在本课中，我带领学生从聆听主歌部分入手，通过反复聆听、朗读歌词、哼唱歌曲，层层深入，引导学生感受歌曲强大的感召力和豪迈的爱国之情。在聆听副歌的三段歌词时，通过交流歌词、律动表演、配乐朗诵、拍手伴奏等形式引导学生感受中国人民从站起来到强起来再到对未来充满自信的时代风貌，激发学生对社会主义祖国的热爱之情和赞美之情，强化国家意识，深化国情观念。

三、教学策略

本课为欣赏教学，为了能更好地调动学生学习的积极性，加深对歌曲背后所表达的情感理解，在教学过程中我主要运用了“问题链策略”，并贯穿教学始终。

由于整首歌曲篇幅较长，由主歌和副歌构成，副歌又有三段歌词，所以我采用分段——整体的欣赏方式，在充分感受主歌的情绪以及熟悉主歌的旋律后，通过对比聆听，律动表演等音乐活动，感受副歌的不同情绪。同时，在分段欣赏副歌三段歌词时，所提问题由浅入深、层层递进，促进对歌曲的理解和感受。最后，完整欣赏歌曲第三段，并在表演中深化对社会主义祖国的爱和赞美之情，将中国人自强不息的精神潜移默化地植入到孩子们的心田。

【教学目标】

一、欣赏歌曲《歌唱祖国》，感受歌曲高亢的音调、铿锵的节奏和动人心魄的旋律，激发学生强烈的爱国主义情感。

二、能对比感知歌曲主歌雄壮、豪迈的音乐情绪与副歌优美抒情的音乐情绪，并哼唱主歌部分。

三、通过视听结合、哼唱歌曲、朗读歌词、律动表演等音乐实践活动，加深对主歌部分的记忆，理解三段歌词的含义，感受歌曲所表达的对中国人民自强不息的精神风貌和祖国蒸蒸日上面貌的赞美之情。

【教学重点】

对比感知歌曲两部分的音乐情绪，哼唱、记忆主歌部分。感受歌曲表达的对祖国强盛的赞美之情。

【教学难点】

交流、理解副歌部分三段歌词的含义。

【教学过程】

一、导入

1. 聆听国庆升旗仪式后，天安门广场上响起的歌曲

2. 出示歌名，简介歌曲词曲作者，了解歌曲创作背景

二、欣赏主歌部分

1. 聆听乐曲，初步感知歌曲风格和情绪

关键设问 1：歌曲是几拍子的音乐？属于什么风格？情绪又是怎样的？

2. 跟着歌曲踏步走，体会歌曲的进行曲风格

3. 复听主歌部分，感受歌曲强烈的爱国情感

关键设问 2：最后两句为什么又重复唱了一遍？

4. 朗读主歌部分歌词

5. 哼唱主歌部分

（1）跟钢琴唱，唱准音高

（2）跟录音唱，加深感受

学科德育教学说明：

1. 学科德育教学策略：问题链策略

2. 策略释义：运用层层深入的关键设问，引导学生在聆听中感受歌曲主歌部分雄壮、豪迈的情绪，在歌唱中感受祖国日益强盛，人民热爱祖国、赞美祖国的强烈情感。

三、欣赏副歌部分

1. 欣赏第一段

关键设问 3：这一部分的情绪和前一部分一样吗？

关键设问 4：你最喜欢哪句歌词？可以用动作来表现吗？

（1）聆听第一段，感受副歌部分抒情、优美的情绪

（2）交流歌词内容，说说最喜欢的一句歌词

（3）用律动和造型体验第一段

> 学科德育教学说明：
>
> 学生通过对比聆听，感受副歌部分节奏舒缓平稳、旋律优美抒情的特点。在交流歌词内容和律动表演的过程中，感受革命时期中华儿女势不可挡、阔步前进的气势，体会全国人民团结一心、坚强站起来的壮志。

2. 欣赏第二段

关键设问 5：我们为什么能够战胜敌人，获得解放？

（1）聆听第二段

（2）交流第二段歌词

> 学科德育教学说明：
>
> 第二段旋律与第一段相同，学生带着问题重点聆听第二段歌词，借助视频资源，正确理解歌词的含义，从而感受到中华儿女勤劳勇敢的精神品质，以及热爱家乡的情感和守护家乡的决心。

（3）配乐朗诵第二段歌词

3. 欣赏第三段

关键设问 6：人民的生活和祖国的未来会怎样？

（1）聆听第三段

（2）交流第三段歌词，谈谈祖国发生的翻天覆地的变化，畅想中国未来的发展

> 学科德育教学说明：
>
> 通过师生交流、观看歌曲视频、感受新中国成立以来祖国发生的翻天覆地的变化，并在拍手伴奏和小乐器伴奏中进一步体会歌曲所表达的人民对美好生活的向往之情以及对祖国未来的美好祝愿，加深对社会主义祖国的热爱。

（3）为第三段伴奏

四、欣赏尾声部分

关键设问 7：尾声和歌曲哪部分相似？

五、完整欣赏歌曲第三段并表演

六、聆听不同版本的《歌唱祖国》片段

（1）中国人民解放军军乐团演奏版（2）北京奥运会开幕式童声独唱版

七、课堂小结

《遥望我的蓝色星球》教学设计

浦东新区三林镇中心小学　王珏琼

【课　　程】小学音乐

【教　　材】上海音乐出版社《音乐》

【年　　级】一年级第二学期

【教学内容】第三单元 《遥望我的蓝色星球》 欣赏课型

【教学任务分析】

一、教材分析

歌曲选自舞台纪录片《复兴之路》，采用童声与混声合唱的形式，用丰富的人声音色表现出宇宙的浩瀚神秘，以小伙伴向宇宙行星问候的方式表达探索星空奥秘的美丽梦想，赞美了祖国航天事业的伟大成就。

歌曲情绪欢快、活泼，复合节拍，宫调式，二段体结构。第一段旋律，弱起的切分节奏生动表现了天真的小伙伴向宇宙行星问候的情景，婉转的曲调表达了小伙伴对神秘星空的向往之情。第二段旋律上扬，人声音色变得丰富，表达了小伙伴立志探索宇宙、实现飞天梦想的美好情感。

二、学情分析

一年级学生对学习和生活充满了好奇和兴趣，同时他们活泼好动、易兴奋，喜欢接受新知识，但注意力容易分散，缺乏耐心，组织纪律观念不强，对于篇幅较长的音乐接受比较慢，然而他们的表现欲较强。所以在本课中我设计了演唱、律动、歌表演等符合他们年龄特点的教学环节，使学生通过多种学习方式进行音乐的感知、表达和创作。

三、德育指向

《遥望我的蓝色星球》这一课对应的是“文化自信”中的“时代精神”这一德育目标。本课主要通过欣赏歌曲，体会其蕴含的赞美祖国航天事业的情感，在听赏、歌唱、律动、创编演绎等音乐活动中，引导学生在音乐情绪的变化中感受歌曲情感的升华，激发他们对祖国航天事业的自豪感和荣誉感。

【设计思路】

一、《遥望我的蓝色星球》作品与拓展素材的德育开发

歌曲《遥望我的蓝色星球》选自舞台纪录片《复兴之路》，采用童声与混声合唱的形式。舞台上充满童趣的卡通造型人物和舞蹈，展现了我们对美丽宇宙和浩瀚太空的神思与遐想，在太空遥望我们生活的蓝色星球，送去对遥远而美丽的地球的祝福。本课通过欣赏乐曲、了解宇宙知识、唱唱歌词、律动表演，激发学生探索宇宙、实现飞天梦想的美好理想。

为了更好地帮助学生树立伟大的航天精神，教师以“中国航天事业的发展”视频作为拓展素材，使学生通过视频了解我国航天事业的发展，从而激发学生的民族自豪感和爱国情怀，从小树立远大理想，立志为祖国发展添砖加瓦。

二、德育素材在环节中的落实

大型音乐舞台纪录片《复兴之路》，是为中华人民共和国成立60周年创排的大型音乐舞蹈史诗，以全新的艺术语言再现了169年来我国在各领域探索中所取得的成就。本节课中，我创设了“神秘的宇宙太空”这一情境，通过身临其境的太空视频和充满科技感的音乐，带领学生从了解宇宙知识到在音乐中遨游太空，激发学生对浩瀚宇宙的探索和向往。最后运用“中国航天事业发展”的拓展视频，进一步落实德育教育，激发学生“文化自信”的“时代精神”，了解伟大的航天精神，从小树立远大志向，长大为祖国的航天事业贡献力量。

三、教学策略

本课为欣赏教学，为了能更好地调动学生学习积极性，启发学生感受乐曲

中德育内涵，在教学过程中我主要运用了“创编演绎策略”。

在乐曲欣赏环节，我运用了听赏、演唱、律动和创编演绎的教学方法，通过感受歌曲二段音乐中的四个小片段，体会音乐情感的升华。第四个片段为乐曲的高潮乐段，我运用创编表演这一音乐活动，使学生在演一演的活动中进一步体会激情澎湃的音乐情绪，同时充分感受到祖国航天事业的伟大以及对探索宇宙太空的向往之情。

【教学目标】

一、欣赏歌曲《遥望我的蓝色星球》，感受小伙伴对宇宙的向往、探索之情，想象宇宙的神秘与浩瀚，激发他们对祖国航天事业的自豪感和荣誉感。

二、初步感受不同的人声音色，会用不同的方式表现歌曲。

三、通过听赏、感受、演唱、律动、创编表演等探究合作的学习方法，感受歌曲欢快热烈、激情澎湃的音乐情绪。

【教学重点】

感受歌曲欢快热烈、激情澎湃的情绪。

【教学难点】

创编表演，进一步体会激情澎湃的音乐情绪。

【教学过程】

一、导入

1. 观看视频，感受前奏音乐

2. 了解宇宙太空

3. 出示课题

学科德育教学说明： 感受充满科技感的前奏音乐，激发学生学习乐曲的兴趣和探索宇宙的好奇心，初步建立对宇宙太空的认知和向往。

二、歌曲欣赏

（一）完整欣赏

提问：听完歌曲，你有怎样的感受？

教师归纳总结

（二）欣赏歌曲第一部分

1. 听第一片段

提问：你听见谁在歌唱？歌曲中唱了什么？

2. 朗读歌词

3. 跟着音乐挥手问好

（1）教师示范

（2）学生模仿

4. 跟范唱唱歌词

5. 用欢快的情绪演唱歌词

6. 听第二片段

提问：接下来这段音乐的歌声有什么特点呢？

7. 跟老师模仿演唱

8. 加上动作唱一唱

（三）欣赏歌曲第二部分

1. 听第三片段

提问：这段音乐又是谁在歌唱呢？

2. 用动作向宇宙问好

3. 听第四片段

提问：舞台上演员们是用什么动作表现这种激情澎湃的心情呢？

4. 创编表演

（1）分配角色

（2）小组讨论并排练

（3）合作表演（挥动双手、航天飞船、宇航员、舞蹈）

> 学科德育教学说明：
>
> 1. 学科德育教学策略：创编演绎策略
>
> 2. 策略释义：运用不同的方式欣赏和感知歌曲二段四个小片段，感受歌曲层层递进的音乐情绪，再通过观看歌曲视频，将舞台上呈现的表现方式进行创编、合作表演。在创编表演的过程中，进一步感受乐曲激情澎湃的音乐情绪，体会小伙伴对宇宙的向往和探索之情，激发学生对祖国航天事业的自豪感和荣誉感。

三、拓展：观看“中国航空事业发展”视频

四、总结

1. 教师小结

2. 学生谈谈体会

> 学科德育教学说明：
>
> 了解中国航天事业的发展后，学生结合自身谈谈力所能及的行为，树立爱国主义精神，增强学生的民族自豪感，坚定为实现中国梦而奋发努力的信心和决心。

五、听音乐出教室

《庆丰收》教学设计

浦东新区民办正达外国语小学　周妙淼

【课　　程】小学音乐

【教　　材】上海音乐出版社《音乐》

【年　　级】五年级第一学期

【教学内容】第四单元《庆丰收》欣赏课型

【教学任务分析】

一、教材分析

《庆丰收》选自上海音乐出版社五年级第一学期第四单元“丰收之夜”，通过欣赏《庆丰收》，让学生感受乐曲奔放的旋律所表现的农村大丰收那种喜气洋洋、热热闹闹的欢庆情景，让学生在学习中了解唢呐的相关知识，感知唢呐的音色特点，体验唢呐在乐队中的音乐表现力。

二、学情分析

五年级的学生经过了四年的学习，已初步具备基本的音乐赏析能力，能够感受音乐的情绪，也能够根据乐曲的节拍韵律特点进行律动。在本单元前面的课时中，学生初步接触了中国民族吹打乐，对民族打击乐和唢呐有一定的了解。学生能够运用音乐课已学的技能开展音乐实践活动，有一定的综合表演和创编能力。但是对于中国民族民间音乐作品的热爱和民族文化传承的意义不太知晓，需要教师在教学中不断引导和持续培养。

三、德育指向

《庆丰收》这首作品，对应的重点内容是“文化自信”中“历史文化”这一德育指标。学生通过聆听乐曲、用民族打击乐器伴奏、旋律哼唱、秧歌十字步等音乐实践活动，感受乐曲奔放的旋律所表现的农村大丰收那种喜气洋洋、热热闹闹的欢庆情景；通过了解唢呐的相关知识，感知唢呐的音色特点，初步体验唢呐在乐队中的音乐表现力。体会中华民族文化的多样性特点，培养学生的民族自信心、自豪感。

【设计思路】

一、作品与拓展素材的德育开发

唢呐是我国历史悠久、流行广泛、技巧丰富、表现力较强的民间吹管乐器。它的发音开朗豪放，高亢嘹亮，深受广大人民喜爱。《庆丰收》这首唢呐独奏曲，运用了民间音乐传统的多段式结构和核心音调贯穿全曲的手法，以唢呐擅长的技法和表现特点，生动描绘了农民在欢庆丰收时的热闹情景。

二、德育素材在教学环节中的落实

在这堂课中，我设计了多个环节，围绕“历史文化”进行“文化自信”的德育教育。在课堂的导入阶段，我带领学生复习聆听中国民族吹打乐《淘金令》，回顾民族吹打乐的形式和特点；在乐段一的欣赏中，我让学生了解乐曲“紧拉慢唱”“对答呼应”的表现形式以及唢呐“花舌”演奏技巧，通过聆听音乐、堂鼓和钹合作伴奏等形式感知民族音乐的奇妙；在乐段二的欣赏中，我让学生通过演唱旋律、用锣鼓经伴奏、秧歌十字步感受体验乐曲的音乐情绪，在情绪的充分体验和释放中感受中国民族音乐的魅力；最后欣赏唢呐独奏的华彩乐段。在整个教学过程中，我始终关注每一个环节的德育教育，注重德育教学策略，从课堂导入、聆听感受、乐器伴奏、秧歌十字步，到最后综合演绎，都紧紧围绕培养学生“文化自信”的德育主题，激发学生对中国民族民间音乐文化浓厚的兴趣，培养学生的民族自信心、自豪感。

三、教学策略

本节课欣赏的内容是唢呐曲《庆丰收》，主要教学策略是“创编演绎策略”。在欣赏教学过程中，运用了打击乐伴奏、律动表演、综合演绎的方式让学生感知并表现音乐。在课堂最后的综合表演环节，运用“创编演绎策略”引导学生加深对唢呐音色、农村大丰收的欢庆情景的感受和表现，从而激发学生对中国文化的学习兴趣，增强民族自信心和自豪感。

【教学目标】

一、感受乐曲奔放的旋律所表现的农村大丰收那种喜气洋洋、热热闹闹的欢庆情景。

二、通过乐器伴奏、旋律哼唱、舞蹈律动等音乐实践活动，感知唢呐的音色及其表现的音乐情绪。

三、了解唢呐的相关知识，感知唢呐的音色特点，初步体验唢呐在乐队中的音乐表现力。

【教学重点】

感受乐曲奔放的旋律所表现的农村大丰收的欢庆情景。

【教学难点】

了解唢呐的相关知识，初步体验唢呐在乐队中的音乐表现力。

【教学过程】

一、复习聆听

聆听《陶金令》片段

思考：乐曲运用了什么样的表现形式？

这种表现形式有怎样的特点？

学科德育教学说明：
以复习《淘金令》导入课堂，回顾唢呐音色以及民间吹打乐带来的热烈欢腾的丰收场景，为民族文化多样性的育德活动做好铺垫。

二、欣赏《庆丰收》

（一）聆听乐段一

1. 初听《庆丰收》乐段一

2. 揭示课题介绍《庆丰收》

3. 聆听乐段一前半部分

思考：唢呐演奏带给你怎样的感受，民乐队的伴奏在节奏和演奏乐器方面有什么特点？

4. 了解唢呐“花舌”演奏技巧

5. 聆听乐段一后半部分

6. 了解“对答呼应”的表现形式

7. 打击乐伴奏（钹、堂鼓）

学科德育教学说明：
通过聆听欣赏，让学生在感受和表现乐曲欢腾热烈的情绪中体会民族音乐魅力，激发学生对民族音乐文化的兴趣。

（二）聆听乐段二

1. 初听乐段二前半部分

2. 跟琴唱旋律

3. 学生跟音乐齐唱歌词

4. 聆听乐段二的后半部分

听辨：唢呐主奏与有打击乐器加入的民乐队伴奏部分

5. 用锣给乐段二的后半部分伴奏

6. 介绍锣的演奏方法

7. 运用锣鼓经给乐段伴奏　台　台　| 台台　台 |

8. 用秧歌十字步表现乐段

学科德育教学说明：

通过丰富的音乐活动，层层递进，让学生感受农民丰收的喜悦之情，将优秀民族音乐文化的自豪感深深植根于内心，达到育德的目的。

（三）欣赏乐段三

（四）合作演绎

1. 小组讨论领取表演任务

（唢呐组、打击乐组、演唱组、秧歌组）

2. 分小组合作创编练习

3. 完成综合表演

乐段一：唢呐组、打击乐组

乐段二：演唱组、打击乐组、秧歌组

乐段三：唢呐组

学科德育教学说明：

1. 学科德育教学策略：创编演绎策略

2. 策略释义：通过学生的完整演绎，将创编的节奏、民族打击乐伴奏、秧歌十字步等融合在乐曲的完整欣赏和表现中，加深学生对唢呐音色的印象和对乐曲情绪、“紧拉慢唱”“对答呼应”等表现形式的感受和理解。从而激发学生对我国优秀传统民间音乐文化的热爱，培养民族自信心和自豪感。

三、课堂小结

《花的圆舞曲》教学设计

浦东新区金陆小学　蔡剑波

【课　　程】小学音乐
【教　　材】上海音乐出版社《音乐》
【年　　级】四年级第一学期
【教学内容】第四单元 《花的圆舞曲》 舞蹈课型

【教学任务分析】

一、教材分析

本节课是选自上海音乐出版社四年级第一学期第四单元《可爱的童年》。主要教学内容是欣赏管弦乐曲《花的圆舞曲》，并在此基础上开展简单的即兴律动和舞蹈演绎。《花的圆舞曲》选自俄国作曲家柴可夫斯基的芭蕾舞剧《胡桃夹子》第二幕中糖果仙子与众仙女群舞时的音乐，经常单独演出。在竖琴华丽流畅的序奏之后，圆号以重奏形式奏出圆舞曲主题，如歌的旋律，不仅表现出乐曲抒情优美的情绪特点，也描绘了糖果仙子与仙女们轻盈婀娜的舞姿。

二、学情分析

每个孩子都喜欢童话故事，对于动画世界充满幻想，希望自己能成为其中的一员，即使是四年级的孩子也不例外。本课执教的班级中有较多女生是学校民族舞、拉丁舞社团的学员，还有部分男生在音乐方面有各自的特长，例如钢琴、小提琴、长笛等，班级学生整体音乐素养较高，有一定的表演能力、欣赏能力和分析音乐的能力，处于感性认识向理性认识的过渡阶段。

三、德育指向

乐曲《花的圆舞曲里》对应了“国家意识”中的“国际视野”德育目标。学生在视听结合、哼唱主题、肢体语言等音乐活动中，认识“俄罗斯音乐大师”和“旋律大师”的作曲家、音乐教育家——柴可夫斯基，了解其生平及创作背景，并在视觉欣赏中初步了解国际舞种之一的华尔兹（Waltz）（又称圆舞曲）。在学习简单华尔兹舞步的过程中，学生能在音乐活动中联想乐曲所描绘的仙女翩翩起舞之动人情景，不仅加深其对音乐作品的理解，也拓宽了音乐方面的国际视野。

【设计思路】

一、《花的圆舞曲》作品与补充素材的德育开发

本课《花的圆舞曲》是以卡通动画形式来表现的，它紧扣着作品的主旋律，有着全新的浪漫主义美感，学生在享受这种美感的同时，又能进一步领悟交响乐作品的内涵。为此我选用了 2 首补充素材，一首是动画故事《花的圆舞曲》，内容为糖果仙国的糖果仙子为欢迎善良勇敢的女孩子玛丽亚，带领大家跳起了精彩的舞蹈，其中最精彩的一段即《花的圆舞曲》舞蹈。另一首是芭蕾舞剧《天鹅湖》中的圆舞曲片段，学生在了解作曲家柴可夫斯基生平的过程中，也在欣赏中拓宽了音乐视野，以此提升学生的欣赏能力和审美能力。补充素材的德育开发不仅能营造良好的课堂学习氛围，也为后续学生理解音乐作品做好了扎实的铺垫。

二、德育素材在教学环节中的落实

在这堂课中，我设计了多个环节，围绕“德育指向”进行“国际视野”德育教育。在导入环节，我绘声绘色地讲起了《胡桃夹子》的故事，把学生带入了美丽的童话世界；紧接着欣赏动画版的《花的圆舞曲》，让学生通过视听结合进一步感受乐曲描绘的故事情节，并感受音乐的魅力。在整个教学过程中，我也始终关注每一个环节的德育内容，注重德育教学策略，从创造情景、师生合作表演歌曲、舞蹈律动学习，到综合表演，都紧紧围绕着教育主题，进一步激发学生了解圆舞曲的兴趣，体验音乐学习的欢乐，培养具有国际视野的小世

界公民。

三、教学策略

本课教学内容重点为舞蹈教学，在教学过程中主要采取了“创编演绎策略”。在新授过程中，我以“圆舞曲”为线索，首先介绍圆舞曲的特点，在学生对优美的芭蕾舞以及圆舞曲的特点有了直观的认识之后，再请学生学习简单的华尔兹舞步。在师生合作创编、生生合作演绎中加深感受圆舞曲的作品题材，增强学生在音乐表演方面的自信与能力，从而进一步激发学生对“圆舞曲”的学习兴趣，提升了学生对外国作品的理解能力和审美能力，拓宽了他们的国际视野。

【教学目标】

一、欣赏乐曲《花的圆舞曲》，想象乐曲所描绘糖果仙子与仙女们翩翩起舞的情景，感受乐曲轻快活泼的情绪特点；师生共同分享作品的情感内涵，抒发对童年美好生活的憧憬。

二、在听琴模唱、律动感受、模拟演奏、综合表演等活动中了解剧情和熟悉作品主题；感知乐曲的节拍韵律以及富有变化的音乐情景。

三、初步了解作品背后的“故事”，能较熟练地哼唱主题旋律，并尝试用舞蹈等艺术形式表现乐曲意境。

【教学重点】

运用舞蹈律动的形式，感知、表现乐曲情绪与意境。

【教学难点】

选择运用合适的音乐表现形式，与同伴合作表演。

【教学过程】

一、导入

1.《胡桃夹子的梦幻之旅》故事导入

2. 欣赏《花的圆舞曲》芭比版本的动画片片段

> 学科德育教学说明：
>
> 在导入环节，教师讲述了《胡桃夹子的梦幻之旅》的故事，营造了良好的故事情境。学生在聆听教师讲故事和观摩动画片段的过程中，不仅能初步了解作品的故事情节，也激发了学生学习圆舞曲的兴趣，为后续的欣赏做了铺垫。

二、新授

1. 介绍《花的圆舞曲》

2. 初听《花的圆舞曲》

讨论：乐曲是几拍子的？

乐曲的情绪是怎样？（优美抒情）

3. 学学乐器的演奏姿势

认一认：这首乐曲是用什么乐器演奏的？

辩一辨：听到管乐部分请做吹奏动作，听到弦乐部分请模仿拉小提琴

4. 跳跳圆舞曲

（1）介绍圆舞曲的特点

（2）跟着老师学跳圆舞曲

> 学科德育教学说明：
>
> 在本环节中，师生互动体验圆舞曲韵律，学生能初步感受管乐和弦乐的不同表现效果，联想其表现的音乐形象。通过学习简单的舞步，在师生演绎、生生合作中感受圆舞曲的优雅风格，增强学生表演音乐的信心与能力。

5. 哼唱第一主旋律

（1）教师弹琴，哼唱第一主旋律

（2）跟着音乐模仿管乐演奏姿势哼唱

（3）跟着音乐模仿演奏姿势哼唱并想象情景

6. 哼唱第二主旋律

（1）听一听第二主旋律与第一主旋律比较，情绪上有什么不同？

（2）教师弹琴，哼唱第二主旋律

（3）跟着音乐用纱巾表演并想象情景

7. 完整地表演《花的圆舞曲》（动画版）

（1）师生合作，完整地表演，感受乐曲童话意境

（2）师生评价

学科德育教学说明：

1. 学科德育教学策略：创编演绎策略

2. 策略释义：学生在动画版《花的圆舞曲》音乐中，通过自主选择、师生合作创编等方式，运用课上所学习到的模仿管弦乐演奏姿势和圆舞曲的基本舞步，创编简单的队形，表现作品的风格特点和圆舞曲特有的韵味，落实本堂课的育德点。

三、拓展

1. 介绍作曲家柴可夫斯基

2. 欣赏柴可夫斯基的《天鹅湖》片段

学科德育教学说明：

学生在欣赏《天鹅湖》片段的过程中，能加深对圆舞曲的了解和对芭蕾舞的感受，进一步了解伟大的俄国作曲家柴可夫斯基对世界音乐发展的贡献，开阔学生的国际视野。

四、听音乐离开音乐教室

《采茶灯》教学设计

浦东新区泥城小学　李怡宁

【课　　程】小学音乐
【教　　材】上海音乐出版社《音乐》
【年　　级】一年级第二学期
【教学内容】第一单元 《采茶灯》 舞蹈课型

【教学任务分析】

一、教材分析

乐曲《采茶灯》是根据福建闽西山区民间歌舞《采茶灯》改编的一首民乐合奏曲。乐曲结构为带再现的单三部曲式（A—B—A'），旋律流畅而平稳，节奏具有舞蹈的特点，生动地表现了采茶姑娘劳动时的欢乐情景和喜悦心情。本课的意图是结合《采茶灯》音乐的舞蹈性以"采茶"为主题，引导学生通过采茶舞蹈律动来体验音乐情绪、速度的变化；感受中国民间音乐特有的风格，想象乐曲所表现的南方山区茶园的迷人风光和人们劳动时的愉快场面，了解茶的生长区域和茶乡的风俗民情。

二、学情分析

一年级学生思维十分活跃，喜欢聆听音乐，能展开丰富的想象，能初步用描述性的语言或肢体动作表现音乐。他们热爱舞蹈表演，并乐于与小伙伴合作，有较强的模仿能力，并能进行简单的造型创编。

三、德育指向

《采茶灯》这首作品，对应的德育目标是“国家意识”重点内容中的“民族团结”指标。学生通过欣赏乐曲、舞蹈律动、综合表演，体验采茶劳动的欢乐情景，了解福建茶乡的风俗民情，感受中国民族舞蹈的魅力，激发学生对中国民族音乐文化的兴趣。

【设计思路】

一、《采茶灯》作品与拓展素材的德育开发

乐曲《采茶灯》是一首由福建闽西山区民间歌舞《采茶灯》改编的民乐合奏曲，其流畅而平稳的旋律，赋有舞蹈性的节奏，生动地表现了采茶姑娘劳动时的喜悦心情和茶林美丽的风景。此外，我还补充了一首浙江省的传统民歌《采茶舞曲》作为拓展素材。这首乐曲采用浙江民间音调的特点，旋律优美流畅，其中逗趣性的乐句，如一问一答，似年轻人在相互嬉戏，像老年人对丰收的赞美。

二、德育素材在教学环节中的落实

在这堂课中，我始终围绕“德育指向”，强化“国家意识”，深化“民族团结”。通过组织学生以藏族踢踏舞律动进教室，从藏族舞蹈中献哈达奉酥油茶的动作引导学生思考美味的酥油茶的原料——茶叶的由来，为欣赏《采茶灯》做铺垫。通过谈话导入，出示中国地图，让学生了解中国产茶的主要地区特别是福建省在地图上的位置。在模仿挑担上山、下山等采茶动作的舞蹈律动中，感受民族舞蹈的魅力。从欣赏乐曲到综合表演，通过小组合作，在舞蹈模仿及创编的过程中激发学生对民族音乐文化的热爱，培养具有“民族团结”情怀的祖国花朵。

三、教学策略

本课将舞蹈教学作为主要教学内容，为了调动学生学习兴趣，进行德育教育，在教学中我主要运用了“创编演绎策略”。从欣赏乐曲到综合表演，运用“创编演绎策略”，通过小组合作，创编造型、即兴表演，在舞蹈模仿及创编的过程中，培养学生民族情怀，体会民族舞蹈、民族音乐的魅力。

【教学目标】

一、欣赏民乐合奏曲《采茶灯》，感受我国民间音乐的独特韵味，想象乐曲所描绘的劳动场景，激发学生对祖国民族音乐的兴趣。

二、能分辨乐曲中不同的音乐情绪，并对乐曲情绪的变化展开合理的想象。

三、在分段聆听、舞蹈律动、综合表演等音乐实践活动中，体验乐曲欢乐的劳动节奏，感受采茶姑娘劳动时的欢快情绪和茶林美丽的风景。

【教学重点】

能分辨乐曲《采茶灯》中不同的音乐情绪，并用舞蹈表演乐曲，感受民族音乐的特点。

【教学难点】

能对乐曲《采茶灯》情绪的变化展开合理的想象，以舞蹈律动和创编造型的表演方式表现茶山采茶的情景。

【教学过程】

一、组织教学

1. 以藏族踢踏舞律动进教室，激发学生学习兴趣

2. 师生问好

> 学科德育教学说明：
>
> 通过藏族踢踏舞律动进教室，从藏族舞蹈中献哈达奉酥油茶的动作引导学生思考美味的酥油茶的原料——茶叶的由来，为欣赏《采茶灯》做铺垫。

二、新课导入

（一）谈话导入

（二）出示中国地图，标记中国产茶的主要地区：福建省

三、欣赏乐曲

（一）观赏采茶视频，配乐《采茶舞曲》

（二）揭示课题《采茶灯》

（三）欣赏第一段“茶园采茶”A

1. 初听

（1）想象音乐描绘的情景

（2）感受音乐的情绪、速度

2. 欣赏三种采茶律动

3. 学习并模仿采茶动作

4. 复听，合作表演采茶

（四）欣赏第二段“茶林风景”B

1. 初听

（1）想象音乐描绘的情景

（2）感受音乐情绪、速度的变化

2. 创编造型

（提示：手放在眉骨前欣赏风景、坐下休息、擦汗等，想象蝴蝶飞舞在茶园中，淡淡的茶叶沁人心脾，有人远眺，有人歇息，有人在交流采摘了多少茶叶，茶园的景致可真美啊）

3. 复听，造型表现赏茶

（五）欣赏第三段“满载而归”C

1. 初听

（1）想象音乐描绘的情景

（2）感受音乐旋律的特点

2. 律动表现

（提示：手捧茶篮小跑步）

律动节奏型 $\underline{X\ X}\ \underline{X\ X}\ |$

3. 复听，即兴表演送茶

4. 完整欣赏《采茶灯》

四、综合表演

1. 各小组开展创编演绎，教师指导

（活动提示：在舞蹈律动的基础上随着《采茶灯》乐曲，小组合作，创编造型，根据乐曲情绪综合表演。）

2. 各小组展示表演“茶山采茶”，师生评价

> 学科德育教学说明：
>
> 1. 学科德育教学策略：创编演绎策略
>
> 2. 策略释义：通过小组合作，创编造型、即兴表演，在舞蹈模仿及创编的过程中，培养学生民族情怀，体会民族舞蹈、民族音乐的魅力。

五、总结

教师：今天我们欣赏了民乐合奏曲《采茶灯》，模仿挑担上山、下山的起伏行走动作，感受茶乡欢乐的劳动场面，能和我分享一下这首民族音乐作品带给你的感受吗？

学生各抒己见

《游子吟》教学设计

浦东新区民办正达外国语小学　孙韵璇

【课　　程】小学音乐
【教　　材】上海音乐出版社《音乐》
【年　　级】五年级第一学期
【教学内容】第五单元　《游子吟》　歌唱课型

【教学任务分析】

一、教材分析

歌曲《游子吟》的歌词选自唐代诗人孟郊的古诗《游子吟》，由著名作曲家谷建芬老师谱曲，收录于其创作的《新学堂歌》歌曲集中。作曲家用自己的真情和心血，将优秀的古诗谱成曲，为孩子们创作出有传统文化底蕴的古诗词吟唱系列。

歌曲可分为两个部分，前半段以较低音区的旋律娓娓道来，仿佛描绘了母亲在灯下为儿缝补衣衫的真实情景：后半段旋律音区上扬，前八分音符后十六分音符节奏的频繁出现，表达了对母亲不辞辛劳，盼儿早归的深厚情感。曲调婉转、悠长，扣人心弦，表达了发自肺腑的真挚情感。

二、学情分析

五年级的同学已经有了一定的演唱能力、欣赏能力和分析表现音乐的能力，但是，重要的还是要培养他们对音乐的兴趣和热情，要让他们从心底里喜爱音乐，还要注重音乐课基本常规和欣赏音乐、演唱的习惯，形成良好的持续发展的态势。《游子吟》这首作品的古诗故事对五年级学生来说，理解起来并不是特别的难，难在学生对诗中感情的理解。学生凭借自身现有的生活体验，很难透彻理解诗人“诗从肺腑出，出辄愁肺腑”的醇厚情怀。

三、德育指向

《游子吟》这一课对应“公民人格”中“身心健康”这一德育目标。作品充分表达了人类共有的母子亲情，诗中描绘了一个日常生活中常见的缝衣细节，而母亲的慈爱之情正是在这日常生活中的最细微处流露出来的。诗人以“三春晖”比喻慈母之爱的广阔深厚，以“寸草心”比喻儿女对慈母的报效之情。通过本课的学习，引导学生体会母爱的伟大，提高学生的传统道德意识，弘扬中华传统文化。

【设计思路】

一、《游子吟》作品与拓展素材的德育开发

《游子吟》是唐代诗人孟郊所写的一首古诗，言语质朴、情感细腻丰富，表达了诗人对于母爱的感激和赞美之情，立意深远，通俗易懂。著名作曲家谷建芬老师为了让更多的孩子体会古文的寓意，以及其中蕴含的深刻道理，用心创作了这首歌曲。全曲旋律巧妙地使民歌音调与古诗词的神韵相融合，更能使孩子们感受出那种纯真、朴实的母子之情，体悟原诗的意境。我以“感恩与孝敬”为切入点，选择了热门歌曲《时间都去哪了》的沙画微视频作为德育开发拓展素材，通过聆听歌曲，观看父母与孩子的微视频故事，帮助学生理解父母养育自己的艰辛，调动起学生感恩父母之情，使学生认识到孝敬父母的重要性，引导学生用实际行动孝敬父母回报父母。

二、德育素材在教学环节中的落实

歌曲《游子吟》第一、第二乐句旋律婉转，第三、第四乐句旋律起伏较大，附点节奏的运用突出了“报”字所蕴含的深刻情感。俗话说“百善孝为先”，通过这首歌曲的学习使孩子在“吟、唱、演”的活动中充分感受中华传统美德“孝德”，把孝德教育融入到教学过程当中，让学生在实践中体会母爱的伟大，懂得孝敬父母、关心父母、照顾父母，学习做一个有“孝德”的人。

三、教学策略

本课的教学内容为歌唱教学，为了能更好地调动学生学习积极性，启发学生感受乐曲中的德育内涵，在教学过程中我主要运用了“情景故事策略”。主要从以下两点入手：一是创设故事情境让学生入境入情；二是在充分的情境与情感渲染中，以情促读，以读悟情，由此引起学生的情感共鸣，培养学生良好的道德情操。为了丰富学生的情感体验，培养学生传统道德意识，突出“孝”德的主题，这堂课主要以审美为核心，注重学生的情感体验，注意渗透“孝”德教育。

【教学目标】

一、通过教师范唱、对比聆听、跟唱等方式，学生能用轻柔的声音、连贯的气息完整演唱歌曲，表现歌曲中母亲不辞辛劳，盼儿早归的深厚情感。

二、通过感受波音记号的演唱处理，感悟母亲对孩子略带哽咽的离别不舍之情。并尝试用不同的力度演唱歌曲，激发学生跟随音乐抒发内心情感。

三、通过小组合作表演歌曲，以及结合相关拓展作品，引导学生在实践中体会父母的伟大，提高学生传统道德意识，争做有“孝德”的好少年。

【教学重点】

能用明亮的声音，连贯的气息完整演唱歌曲。

【教学难点】

感受歌曲所要表达的情感，培养学生传统道德意识。

【教学过程】

一、导入

1. 复习歌曲《雨花石》

2. 尝试用诗句描绘图片中的意境

3. 揭示课题

学科德育教学说明：

1. 学科德育教学策略：情境故事策略

2. 策略说明：创设“关爱家庭、感恩父母”的作品情境。通过复习歌曲《雨花石》，引导学生从爱国的大爱中到爱家爱亲人的小爱之中。学生通过欣赏图片和了解古诗背景故事，感受父母抚养我们的辛苦，让感恩父母的情怀悄悄地流入孩子们的心田，为下面的学习埋下伏笔。

二、新授

（一）初步感受歌曲

（1）教师完整范唱歌曲

（2）歌曲结构分析

（二）学唱歌曲前半部分

（1）轻声跟唱旋律，感受旋律起伏

（2）复习波音记号

（3）填入歌词演唱歌曲前半部分，并尝试用轻柔的力度演唱

（4）再次填词演唱，感受波音记号的运用对歌曲情绪表现的作用

（5）附点节奏以及一字多音节奏难点处理

（6）完整演唱歌曲前半部分，后半部分随音乐用肢体语言表现

学科德育教学说明：

指导学生发现并唱准“临行密密缝”“报得三春晖”节奏，启发学生准确体会歌曲的意境，通过感受波音记号的特别处理，感悟母亲对孩子略带哽咽的离别不舍之情。通过对歌曲演唱力度的设计，挖掘音乐情绪，引导学生跟随音乐抒发内心情感。

（三）学唱歌曲后半部分

（1）对比聆听，感受歌曲后半部分情绪的变化

（2）轻声跟唱歌谱，感受后半部分音区变化和旋律的起伏

（3）填入歌词演唱后半部分，尝试自己标记合适的演唱力度

（4）再次演唱歌曲后半部分

（四）学唱歌曲的结束句

（1）教师范唱结束句

（2）学唱结束句，注意休止符以及长音

（3）尝试加入力度变化演唱

三、完整演唱歌曲

（1）完整演唱歌曲

（2）分角色合作完整演唱

> 学科德育教学说明：
>
> 结合音乐作品的特点，层层引导学生，鼓励学生思考如何用丰富多彩的表演形式演绎歌曲，表达歌曲内涵。学生在表演歌曲中充分感受中华传统美德，学习做一个有“孝德”的人。

四、拓展

（1）欣赏歌曲《时间都去哪了》微视频

（2）师生交流

五、本课小结

中国是礼仪之邦，中华美德源远流长，“孝德”是中华传统文化的基本价值观，“百善孝为先”，这就要求我们在生活中要常怀一颗感恩的心来关心父母、照顾父母，以报答父母对我们的养育之恩。

《大鹿》教学设计

浦东新区观澜小学　姚　叶

【课　　程】小学音乐
【教　　材】上海音乐出版社《唱游》
【年　　级】一年级第二学期
【教学内容】第二单元《大鹿》歌唱课型

【教学任务分析】

一、教材分析

《大鹿》是一首富有童话色彩的法国民歌，歌曲节奏明快，旋律简洁流畅。歌词采用叙述性的陈述方式，生动地描绘出大鹿与小兔这一对好朋友临危不惧、团结互助的感人故事。第一乐段旋律总体比较平稳，叙述小兔来到大鹿家的情景。第二乐段旋律在高音区发展，是情绪的高潮所在，旋律带动情绪转向激动紧张，形象地刻画出小兔在逃跑时的紧张害怕以及大鹿想要帮助小兔的急切心理。通过多种方式体验歌曲活泼欢快的旋律，学生在了解故事内容和体验大鹿与小兔情绪的过程中，增强对歌曲所要表达的“团结友爱、勇敢互助”内涵的理解与表现。

二、学情分析

一年级的学生经过第一学期的学习后，已对唱游课产生了浓厚的兴趣，他们能够带着问题去聆听音乐，已养成静心聆听音乐的好习惯；他们能够用自然的声音有表情地进行歌唱，并会兴趣盎然地去模仿他们听到的生动声音。虽然在歌唱方法上还存在各种问题，但在教师的指导下，能够逐渐改善；他们善用最简单的肢体动作表达他们最直接的音乐感受，愿意在律动、音乐游戏、歌表演等活动中与他人合作。

三、德育指向

《大鹿》的教学内容对应“公民人格”中的“自强合作”这一指标。本课教学通过多种方式体验歌曲《大鹿》活泼欢快的旋律，学生在了解歌曲的故事内容和体验大鹿与小兔情绪的过程中，增强对歌曲所要表达的“团结友爱、勇敢互助”内涵的理解与表现。

【设计思路】

一、《大鹿》作品与补充素材的德育开发

《大鹿》是一首富有童话色彩的法国民歌，歌曲节奏明快，旋律简洁流畅。歌词采用叙述性的陈述方式，生动地描绘出大鹿与小兔这一对好朋友临危不惧、团结互助的感人故事。同时，我选用了补充素材，歌曲《帮助别人真快乐》。这首儿歌，以简单又朗朗上口的歌词和旋律，表达了儿童在帮助别人时的快乐心情，通过欣赏这首儿歌，鼓励小朋友学会互相帮助，懂得助人为乐的道理。

二、德育素材在教学环节中的落实

歌曲《大鹿》是一首具有童话色彩的法国儿童歌曲，歌曲叙述了小兔躲避黑狼追逐，逃到大鹿家的情景，歌曲生动地表现出小兔害怕黑狼的紧张心情，夸赞了大鹿不惧危险，勇敢向小兔伸出援助之手，为它提供安全庇护的团结友爱、勇敢互助精神。在本节课中，我以歌曲故事发展为主线，通过一系列音乐活动，感受故事的紧张和精彩情节，激发学生的学习兴趣和表演欲望，体验歌曲主人公大鹿和小兔的紧张急切心情，从而引导学生学习他们之间团结友爱和大鹿勇敢地帮助小兔的优良品质。

三、教学策略

本课的主要教学内容为歌唱教学，为了更好地调动学生学习积极性，引导学生代入大鹿和小兔的紧张心情，启发学生感受大鹿和小兔之间团结友爱和勇敢帮助的优良品质，在教学过程中我主要运用了“情景故事策略”。通过师生合作、生生合作，创设故事情境，学生设身处地地想象自己就是大鹿和小兔，尝试用动作理解关键歌词中“挽牢”的含义，体会大鹿勇敢帮助小兔的急切心情；最后鼓励学生积极参与情景创编，用即兴表演唱的方式表现歌曲中小兔、大鹿和黑狼的形象等，感受大鹿和小兔之间的团结友爱和勇敢互助精神。

【教学目标】

一、学唱歌曲《大鹿》，感受大鹿与小兔之间团结友爱和大鹿勇于助人的精神。

二、创设森林情境，在故事中加深对歌曲内容的理解；在聆听、律动、模仿中学会演唱歌曲《大鹿》。

三、能够自信地演唱歌曲《大鹿》。

【教学重点】

初步学会准确并有表情地演唱歌曲，表达团结友爱、勇敢互助的情绪。

【教学重难点】

能够正确演唱并表现歌曲中前八后十六的节奏以及曲谱中的反复记号。

【教学过程】

一、情景导入

1. 创设森林情境，师生合作小动物练声曲

二、新授歌曲《大鹿》

1. 初次聆听歌曲，了解故事情节

2. 揭示歌曲名《大鹿》

3. 声势律动游戏“节奏闯关”，为歌曲伴奏

（1）第一关，为歌曲前半段伴奏

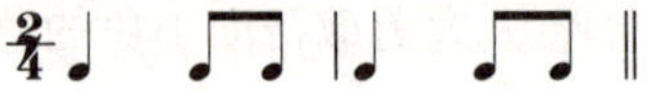

（2）第二关，为歌曲后半段伴奏

（3）第三关，完整地为歌曲伴奏

4. 复听歌曲，思考歌曲中哪两句唱了两遍？为什么？

5. 学习歌词

（1）学生唱读第 1、2、3 句歌词

（2）学生听老师唱读第 4 句歌词，解决“咱们”两字难点节奏

（3）用动作理解“挽牢”

学科德育教学说明：

学生通过师生合作、生生合作，感受“挽牢”动作的力度感，体会当时黑狼追逐下小兔与大鹿的紧张心情，感受在危险情况下大鹿仍然奋不顾身勇敢帮助小兔的精神。

6. 学唱歌曲

7. 歌曲处理

（1）出示情绪词“轻松”和“紧张”，进行歌曲处理

（2）用轻松的声音演唱第 1、2 句

（3）用紧张的情绪演唱第 3、4 句

学科德育教学说明：

在学生熟悉歌词、了解故事情节的前提下，引导学生为歌曲选择对应的情绪词，学生感受到大鹿站在房子里时轻松愉悦的心情，和黑狼追赶小兔时情况紧急的紧张心情，使歌曲的演唱更具表情。通过这样的演唱，激发学生向大鹿学习团结友爱、勇于助人精神的欲望。

8. 完整演唱歌曲

三、歌曲情景表演

1. 学生讨论，教师巡回指导

2. 创编情景故事（分角色扮演大鹿、小兔、黑狼、房子等）

3. 情景表演

学科德育教学说明：

1. 学科德育策略：情景故事策略

2. 策略释义：创编“大鹿”情景故事。在学生熟悉歌曲的基础上，鼓励学生积极参与歌表演，用即兴表演唱的方式表现歌曲中兔子、大鹿和黑狼的形象进行歌表演，不但能让学生在表演过程中巩固这首歌曲的学唱成果，培养学生乐于在集体合作中表演的态度，还能表现出大鹿和小兔之间团结友爱及大鹿为小兔勇敢提供帮助的形象，促进学生养成团结友爱和勇于助人的优良品质。

四、拓展与课堂小结

1. 拓展：欣赏歌曲《帮助别人真快乐》

2. 小结：从大鹿和小兔身上，我们学到要团结友爱，勇敢地帮助有困难的小朋友。

教学案例

《踏雪寻梅》教学案例

浦东新区竹园小学　曹菲儿

一、深挖教材中的德育价值

《踏雪寻梅》创作于1933年，是黄自受商务印书馆委托，为当时的上海中学生编写教材而创作的。歌曲由黄自与其学生刘雪庵共同合作谱曲填词完成，收录于《复兴初级中学音乐教科书》第三册中。歌曲具有文学性、艺术性、童趣性，目前在沪教版小学音乐教材中面向五年级学生学习使用。全曲用二声部合唱的方式表现了少年儿童活泼、调皮的纯真形象，体现了少年们快乐生活，对未来充满热情和希望、期盼与祝福。

本课对应“文化自信”中的“历史文化”这一德育目标，且采用“问题链”策略启发学生自主学习和思考。歌曲第一部分通过模仿古诗韵味，以跳跃欢快的旋律和对仗押韵的歌词表现了冬日踏雪出游的兴奋愉快心情。黄自希望通过描绘中国特色的文化意境，由“寻梅”引出“铃铛声”，渲染歌曲传统文化氛围，在突破西方语言、歌曲创编手法、文化语境等基础上，创作属于中国自己的少年儿童歌曲。歌曲第二部分以更急促的轮唱，模仿毛驴行进时脖子上的小铃铛发出的清脆有弹性的铃铛声，表现热闹欢快的景象。在当时动荡的大社会环境下编写仍能抛开旧俗，构思新颖富有创意。词曲作者还考虑到这一阶段少年儿童的心理特点和活泼好动的性格特征，运用仿声、情境带入的音乐表现手段，凸显歌曲的童趣性和积极向上的精神。结合串铃进行伴奏使音乐表现形式更加多样，也为最后综合展示做铺垫，使学生沉浸式体验，加深了对音乐作品更进一步的理解和对音乐大家的敬佩。黄自先生不但力图恰切地表达歌词的内容，还力图使音乐的音调和节奏与歌词的声调和韵律紧密配合。在歌曲最后，作曲家借鉴“卡农”的表现形式，两个声部的旋律走向趋于合一，并且以每句歌词字数递减的方式呈现，在音乐性上中西融合，展示了中国语言文字的巧妙以及作曲家精湛的创作技巧，引领学生感受学习生活的美好。《踏雪寻梅》歌曲本身被赋予了新的生命、新时代内涵和意义，立足于落实德育育德树人的根基，从而进一步感知和体验中国传统文化的博大精深，加深文化认同和文化自信，建立民族自信心、民族自豪感和爱国情怀。

二、凸显教学中“学科德育”的特有性质

1. 学科德育的科学性

《踏雪寻梅》的歌词具有形式仿古、写作精致的特点，歌词中“雪霁”“灞桥”都是古诗词中的典型意象。为了启发学生去发现其中奥秘，在最开始的教学设计环节，我结合歌词内容，创设古韵课堂氛围、抓住“寻梅”关键特点，以视频、启发式提问相结合的方式，激发学生对冬日赏梅的快乐享受和对学习生活的无限向往。学唱环节引导学生模仿诗人韵味朗读歌词，师生、生生合作演唱，解决旋律升高与情绪的关系、思考歌曲两部分轮唱的不同、数一数歌词字数等内容，感知歌曲创作的古韵魅力和词曲作者的良苦用心，加深学生学习的兴趣，进一步体会中华璀璨文明。紧紧围绕着“文化自信”进行德育目标落实，在课程结尾，我选择了黄自先生的另一首作品，同样收录于《复兴初级中学音乐教科书》中的一首合唱歌曲——《西风的话》，作为总结和拓展欣赏。小学教材中，不少作品具有浓厚的时代信息和强烈的爱国主义感情，它对学生树立正确的人生观和世界观可起到积极的引导作用。引用这首作品的目的在于希望通过课堂语境美、气氛佳的氛围烘托，潜移默化中把传统文化的经典要素印刻在学生脑海里，为学生树立文化自信打下基础。

2. 学科德育的社会性

本课的教学内容为歌曲学唱，为了能更好地调动学生学习积极性、启发学生感受歌曲中的德育内涵，对应教学目标的实现和学科核心素养的形成，在教

学过程中我借助合作表现、乐器体验等活动内容，根据学生现阶段水平能力掌握情况，我将“问题链策略”贯穿教学始终。通过由浅入深、层层推进的“问题链”框架，环环相扣的核心关键问题和环节问题，用关联性提问方式帮助学生深度理解作品，构建严密有序的高效课堂。

围绕本课难点“体会作品深层次情感和文化理解”，并着重关注于课题中“寻”字，我分层设计了若干小问题。在歌曲教唱环节，在三部分歌曲内容的理解和情感体验进程中，由浅入深、环环紧扣、层层推进地提出上述问题。课时结尾的总结和拓展，我预留作业，让学生查找黄自的其他歌曲进行补充介绍，进一步保证了课程的完整性，也使学生在一系列教学活动中增强了民族自豪感和文化自信。

附【课堂实录】一

师：请看视频，我介绍的是哪一种花？

生：梅花。

师：梅花有什么特点？

生 1：味香、色红。

生 2：品格高洁、不畏严寒。

师：不仅诗人爱写梅，文人墨客也爱画梅，他们的创作灵感来源于哪里？我们又可以说他们在干什么？

生 1：创作灵感来源于冬日梅花。

生 2：他们在“寻梅”。

师：为何诗人寻梅要骑着小毛驴？

生 1：表现诗人悠闲、自在的心情。

生 2：雪景配上梅花，景色特别美，表现诗人放慢脚步欣赏美景的样子。

师：踏雪寻梅的由来便是如此，让我们跟着黄自、刘雪庵先生的脚步，一起来聆听歌曲。

附【课堂实录】二

师：你听，少年儿童骑着小毛驴向你们走来了，寻梅过程是一帆风顺的吗?

生 1：有的梅花看得见，有的梅花被雪覆盖看不见。

生 2：有的梅花是白里透红的，和雪的颜色很接近，不容易被发现

生 3：小毛驴的铃铛出现了四次，说明少年儿童一直骑着毛驴在找寻。

师：骑上小毛驴，我们也来唱一唱，你的铃铛声是怎样的？心情又是如何?

生：清脆的、有弹性的。

生：心情非常愉悦，很快乐的。

师：如果用一个小乐器来表现铃铛互相碰撞的感觉，哪个小乐器更合适?

生：串铃。

师：你听，第二部分的演唱方法和第一部分一样吗?

生：一样，都是运用了轮唱的演唱方法。

生：好像第二声部进入的时间提前了，和第一部分的轮唱又有些不同。

师：为了表现小毛驴铃铛叮当作响，碰撞不停的场景，我们作曲家在这里同样也运用了轮唱的演唱方法，二声部的加入再提前一些，显得小铃铛更热闹更欢快的样子。让我们加入串铃，一起来合作表现小铃铛们叮叮当当的声音吧。

3. 学科德育的人文性

五年级的学生音乐认知领域进一步发展，积累了一定的音乐基础，体验、感受与探索创造的活动能力增强，但受时代迅速发展和信息化快速涌入的影响，他们不愿只学习局限在课本教材中的内容，他们思维发散、接受新事物较快、勇于尝试和探索，更乐意学习和体验课本外的拓展内容。我抓住这一点，在补充教材中着重开发挖掘与作曲家黄自相关的知识内容，通过回忆已学过的音乐作品，欣赏《西风的话》，与《踏雪寻梅》产生连情体验和情感升华。

三、关注课堂中“无痕德育”的落实效果

《踏雪寻梅》是一首意境高雅，旋律朗朗上口的歌曲。这首歌曲的教学重

点是能够用轻快而优美的声音进行二声部演唱，从而体会歌曲所表现的一种高雅的意境和淳朴的生活情趣。而要让学生体会这一情绪比较难，因此，在新授之前我做了一些铺垫工作，以“问题链”策略贯穿整节课。比如我用极富感染力的语言，用多媒体辅助手段让学生欣赏冬天的雪景以及梅与雪朝相辉映的美丽场景唤起学生对冬天的喜爱。在新授过程中，我用辨析度较高的歌声进行对比范唱，让学生用自己的音乐鉴赏能力分辨歌曲所选用的适合声音，有些地方我还会用语言及播放图片让学生去体会乐句所表达的音乐情感。

作为一堂具有德育浸润的音乐课，首先我确定了本节课的德育指向对应“文化自信”中的“历史文化”这一德育目标。基于此，在歌曲教学中，通过情境导入、体验学唱、合作演唱、小乐器实践等多种教学方法，使学生感悟音乐、理解音乐、表达音乐，较好地完成了教学目标。结合身体律动，让学生学习二声部的演唱。在教学设计环节，结合歌词内容，进一步加深学生学习的兴趣，紧紧围绕着“文化自信”进行德育目标落实，渲染古韵氛围、借鉴古诗词和画作、在朗读和欣赏的过程中感受中国传统文化的悠久历史和人文魅力，从而使爱国情感得以升华，潜移默化中培养学生民族自信心、文化认同感，为最终建立爱国情怀提供情感支撑。

《欢乐的小雪花》教学案例

浦东新区唐镇小学　韩　笑

一、深挖教材中“公民人格”的德育价值

《欢乐的小雪花》选自二年级第一学期唱游课中的第四单元，是一首曲调优美的儿童歌曲，3/4 拍，大调式。歌曲结构规整，旋律平稳，歌词纯朴、富有口语化，表达了小朋友喜爱雪花，积极投入冬季锻炼的纯真感情。本课的教学内容符合“公民人格——身心健康——生命与健康”这一德育目标。

本节课，我以创编为切入点，通过感受节拍韵律、贴旋律线、歌曲教唱和小乐器表演等丰富的教学活动，引导学生在学唱的过程中感受歌曲优美的情绪，通过音乐实践与体验，用心感受歌曲所表达的对生命的热爱。在贴旋律线这一环节，我通过让学生上台贴运动小达人，带领学生了解一些冬季运动的项目，调动学生对冬日运动的兴趣，在此基础上进一步挖掘德育内涵，激发学生养成身心健康的公民人格，推动学生德育素养和审美能力的进一步提高。

二、凸显教学中“学科德育”的特有性质

1. 学科德育的科学性

《欢乐的小雪花》是一首教唱歌曲，因而我让学生通过聆听、律动、演唱、演奏等音乐活动，感受小朋友不畏严寒，积极投入冬季锻炼的纯真感情，从而促进其热爱自己生命，树立积极人生观的态度。课前，我提前在教室里挂上

了雪花，在黑板上画上雪人，让学生融入这样一个冰天雪地的童话世界中。然后播放音乐让学生模仿雪花飞舞的样子进入教室，从而引发他们极大的学习兴趣。随后我通过创编锻炼的动作，让学生在演绎过程中初步感知歌曲要表达的热爱运动、坚持锻炼的情感。课中，我在画旋律线的基础上，让学生上台贴运动小达人，带领学生了解一些冬季运动的项目，调动学生对冬日运动的兴趣。在此基础上进一步挖掘德育内涵，激发学生养成身心健康的公民人格，推动学生德育素养和审美能力的进一步提高。综合表演环节中，学生能将课堂之中掌握的技能学以致用，在表演中了解冬季户外运动的好处和乐趣，并在寒冷的冬季走近冰雪，亲近自然，参与冬季运动。最后，我带领学生欣赏了北京冬奥会的宣传片《一起向未来》，再次让学生感受到冬日运动的魅力，在潜移默化中养成良好的运动习惯。

2. 学科德育的社会性

本课的教学内容为歌唱教学，为了能更好地调动学生学习积极性，启发学生感受到乐曲中的德育内涵，情景表演中我运用了“创编演绎”这一策略。课堂中，学生在通过律动、念、拍、找节奏等一系列音乐活动和歌曲学唱后，已对歌曲三拍子韵律和附点节奏有了一定的理解，因而在情景表演中，我通过创编节奏和动作，加小乐器表演，再一次让学生感受三拍子的节拍韵律使之巩固，也让学生在演绎过程中进一步体会歌曲所表达的小朋友不畏严寒，坚持锻炼的情感，感受在寒冷冬天也要积极锻炼，不能松懈的益处，从而学会热爱自己的生命，加强锻炼，养成健康生活的习惯。

附【课堂实录】

情景表演

1. 邀请一位学生用三角铁为歌曲伴奏

2. 师生合作表演《欢乐的小雪花》

师：同学们可以用演唱、模仿雪花飞舞或是冬日锻炼、打雪仗的动作来进行表演！

师小结：寒冷的冬天即将来临，希望小朋友们能够不畏严寒，亲近自然，坚持锻炼，养成健康生活的好习惯！

3. 学科德育的人文性

适时适度地开展学科德育是学科人文性的体现。在歌曲教学时，通过画、贴雪花和锻炼小达人、旋律线让学生感知声音高低的变化，进一步联想到冬日里锻炼的画面。在贴画的过程中，小朋友们的积极性都非常高，纷纷猜测着锻炼小达人做的冬日运动到底是什么。在教唱过程中，学生通过有节奏、有感情地朗读歌词，感受歌词想要表达的意思，进一步体会歌曲所表达的小朋友不畏严寒，坚持锻炼的情感。

附【课堂实录】

学唱歌谱

1. 出示节奏 ♫ ♩. ♪，拍一拍，找一找歌谱中出现了几次这样的节奏。

2. 出示字母谱

（1）听伴奏音频，教师画旋律线

（2）师：你能把小雪花贴到黑板上，让我们的黑板上呈现出漫天飞舞的雪花吗？

同学们都跃跃欲试，积极参加，有些还搬上凳子想把雪花贴到黑板的最高点。

师：你能把锻炼小达人贴在旋律线上，让它变成一条运动中的旋律线吗？

同学们再一次反响热烈，参与其中

师：你能说一说刚刚贴的旋律线中出现了哪些冬日运动吗？

生 1：有冰壶运动

生 2：我看到了滑雪，还有小朋友在打雪仗

生 3：我看到了冰球

……

三、关注课堂中德育无痕的落实

恰如苏霍姆林斯基所说：“任何一种教育现象，孩子在其中越少感觉到教育者的意图，教育效果越大。”我们应该积极挖掘与学生思想道德实际相结合，

贴近学生实际的教育内容，开展德育教育活动，从而提高学生的道德觉悟和认识，陶冶道德情感，锻炼道德意志，树立道德信念，培养道德品质，养成道德习惯。

音乐是一门情感的艺术，音乐教育是以音乐艺术为手段，在潜移默化中对学生进行情感教育，因而音乐课堂也是德育教育的一个重要阵地。课前，我首先确定了本节课的德育指向对应“公民人格”中的“健康身心”这一德育目标。基于此，我收集了大量的图片和视频资源，并在课堂中运用节拍律动、歌曲学唱、合作表演等多种教学方法，较好地完成了教学目标，使学生积累了音乐知识，提升了音乐技能，还培养了学生爱上运动、养成健康生活的习惯。

作为音乐教师，我们应利用音乐学科的人文性，深入挖掘音乐歌曲和乐曲中内在的思想感情教育因素，让学生更好地感受、体验和表现，进而陶冶他们的情操。只要我们以负责的态度去对待音乐学科，以高尚的情操去审视教材，以新的课程理念去驾驭音乐课堂，以理论与实际相结合原则去设计教学活动，我们的音乐课就不仅能使学生学到全面的音乐知识，也能受到良好德育的熏陶。在表达与选择的过程中强化道德情感，完成道德实践，是音乐老师 一件非常具有现实意义的工作。

《小小少年》教学案例

浦东新区东波小学　姚冰馨

一、深挖教材中的育人点

《小小少年》是德国故事影片《英俊少年》中的一首插曲。歌曲的音域虽然不算宽，但大跳音程组成的旋律却非常多；同时，典型的弱起节拍也是歌曲旋律的特点之一。

歌曲的前半部分由两个乐句组成，旋律以及歌词都表现了少年快乐、无忧无虑的形象。歌曲的后半部分为二声部合唱，二声部的加入使得歌曲的音响效果更加丰富、饱满。

《小小少年》是一首外国音乐作品，其对应的德育重点内容是“国家意识”中的“国际视野”指标。通过学唱这部作品，感受歌曲音乐形象，体验、感知电影主人公自信活泼、乐观向上、热爱生活的品德，藉此为学生打开外国音乐之窗，拓展国际化视野。

二、凸显教学中“学科德育”的特有性质

(一) 学科德育的科学性

我所设计的本堂课是根据“国际视野”这一“德育指向”进行展开的，目的是为了通过学唱外国儿童歌曲，让学生拓展音乐视野。

面对学生相对陌生的外国音乐作品，我围绕“德育指向”引导学生拓展国

际化视野。在课程的导入部分，我让孩子们在歌曲《不想长大》的歌声中走进教室。这首歌曲是根据世界名曲，莫扎特的《g小调第四十交响曲》改编而成的。该曲节奏鲜明，曲调朗朗上口，歌词更唱出了学生们的心声，深受他们的喜爱。目的是想从学生熟悉的外国音乐作品开始，把孩子们引入到学习外国音乐作品的良好氛围中。然后展开学科教学，直到最后的关键设问的设计“作为一名中国的小小少年，我们该具备哪些品质？”孩子们从一开始喜欢，到越发的好奇，很快激起了他们学习的兴趣；通过了解歌曲中小主人公的生活经历，开始认真思考“我们中国少年应该具备怎么样的英雄品质”。每个环节紧扣德育指向，层层推进，最终达成育人目标。

（二）学科德育的社会性

“歌曲是歌词与旋律的结合体，只有词曲联姻后，歌词才能插上翅膀，深化情感；旋律才可能更有依附，被人 理解。”（杨瑞庆《歌曲创作探索》）尤其在小学阶段，歌词能够直观、有效地帮助学生理解歌曲所要表达的内容与情感，从而在演唱时更好地表现歌曲。

《小小少年》选自上海音乐出版社出版的九年制义务教育课本，四年级第二学期第五单元第四课，是一堂歌唱型课程。在本课中我运用了“歌词分析策略”来帮助学生学唱歌曲。首先，通过提问，让学生带着问题来念歌词，寻找能够表现歌曲主人公形象的歌词；其次，师生互动讨论，用怎样的声音来表现歌词，并在课件歌曲上画上音乐符号作为提示；接着，针对小学中高年段学生，我让他们进行自主探究学习，实践、探索，看着歌词与音乐符号来朗读歌词，其间教师分别聆听、指导、因材施教，更有针对性地帮助念诵中有困难的学生；最后，配合着音乐，请学生有感情地朗诵歌词。通过这样一步步细致地对歌词进行处理，小朋友们已经能够很好地理解歌曲所要表现的是怎样的一位少年形象了。这为后续旋律演唱歌曲打下了扎实的基础，为他们更好地理解、表达歌曲情感做好充足的铺垫。

附【课堂实录】

1. 学唱歌词（前半部分）

师：首先，请小朋友们来找一找歌词中哪些字表现了海因切“乐观”“开朗”“无忧无虑”的形象？

生：朗读、寻找歌词中能够表现主人公“乐观”“开朗”“无忧无虑”形象的歌词。

师：我们应该用怎样的声音来表现快乐的情感呢？

师生：互动交流。

师：歌词“很少烦恼”用：轻快的、有弹性的、明亮的声音来演唱；歌词“眼望四周阳光照”可以做渐强处理。

师：带着这样的感觉请同学们再次尝试着自己轻声念歌词。

生：自主探索、尝试朗读。

师：探索结束，现在让我们跟着音乐，完整朗读歌词吧！

生：跟着伴奏音乐完整有感情地念歌词。

师：老师仿佛已经看到了这个“活泼、开朗、乐观”的小主人公形象。现在就让我们跟着钢琴加入歌词来唱一唱吧。

……

（三）学科德育的人文性

《小小少年》是四年级第二学期的一首二声部歌唱作品。如果整堂课完全都让学生通过演唱来激发他们对德育点的感悟，内容与形式未免单一，孩子们也容易感到枯燥，不愿意聆听，因此我不断挖掘学科德育的人文性。在备课时，我就大量地调查、思考研究。如：查阅此作品的背景资料；聆听对比中外两种不同版本的歌唱音频；反复观看、删选、重组这首主题歌曲的电影内容。通过音乐文化到学科德育人文先帮助孩子们整理出一条这一年龄段学生能够接受、理解、适合他们的教学逻辑线路；其次结合预设的教学目标进行整体的教学框架设计。

例如在教学过程中，为了帮助学生更好地理解《小小少年》这部外国音乐作品，在课件制作时，我特地截取了这首音乐作品的两个关键电影片段来增强学生对此音乐作品的感受与认知，更好地帮助他们打开国际视野，深入作品。从人物性格出发，读懂“小小少年”这一音乐形象；然后思考我们应该如何演唱、表现这首作品，以及我们该学习小主人公身上的哪些可贵品质。

三、润物细无声　育人贵无痕

“人”和“人的发展”已成为教育改革的关键词。德育能促进学生感悟生命，自我成长。因此，关注个体生命潜能的实现，尊重个体生命的多样性，独特性，学科立德育人至关重要。

然而，教师如果直接抛售“德育道理”，学生反而不容易接受，只会适得其反。如何做到“润物细无声、无痕育人”呢？在本堂课中我是这样做的：

1. 课前准备：

课前，我大量搜集关于此歌曲的背景资料、图片和视频资源。研究分析哪些教学点是可以深挖德育点的；结合学生兴趣。最终我基于学生学段、学情选择了四年级学生感兴趣的切入点，即电影故事为主线，分别挑选、截取电影中的视频片段放入教学中的三个关键环节。课堂伊始，学生伴随电影视频片头、主题音乐进入音乐教室，为后续学习歌曲做好铺垫。在学唱歌曲时，再以两个故事片段入手，帮助学生学习、理解歌曲两声部的演唱及表现。使孩子们在情境中获得音乐知识的积累，技能的提升，理解音乐作品内涵。

2. 堂课上的情境创设：

《小小少年》是电影《英俊少年》中的一首插曲。在本堂课的教学设计中教师特别把音乐教室的座位排列成接近电影院的样子、调暗灯光，伴随着电影视频片头的播放让学生仿佛身临其境，就像真的在电影院中一般。在教学中，把音乐学习与故事情节、主人公命运紧密结合，激发学生学习兴趣；从而帮助学生理解、感知抽象的音乐作品。

3. 课堂教学策略：

在整个新授过程中我还运用了“歌词分析策略”来帮助学生学唱歌曲，理解人物性格与形象。配合着电影片段，分层引导学生如何朗读歌词；如何跟着音乐节奏、旋律朗读歌词；如何带着情感朗读歌词。由浅入深、层层递进，而不只是纯粹地念歌词。

在歌曲的后半部分教师大胆尝试运用自由分组、自主讨论、互评学习等方法让学生自学歌词，老师与学生一样都是学习活动的参与者；完全让孩子自行把控整个学唱环节，尝试对小学中高年级学生“放手”，培养学生对音乐作品的自学能力。

最后，通过对电影情节的了解、主题歌曲的学唱，激发了学生学习音乐的兴趣，提升了对艺术作品的审美素养，锻炼了学生之间的合作与自学能力，从而激励他们要向电影主人公学习，学习他的自信活泼、乐观向上、热爱生活、不向困难低头的精神品质。

《遥望我的蓝色星球》教学案例

浦东新区建平实验小学　王　岚

一、深挖教材中的德育价值

《遥望我的蓝色星球》选自小学一年级第二学期音乐教材，是第三单元“星光亮”中的一首欣赏作品。这首歌选自舞台纪录片《复兴之路》，歌曲情绪欢快、活泼，采用了童声和混声合唱的形式，用丰富的人声音色表现宇宙的浩瀚神秘，以小伙伴向宇宙行星问候的方式表达探索星空奥秘的美丽梦想，赞美了祖国航天事业的伟大成就。

结合这一题材的创作背景，本课的教学内容充分符合“文化自信”中“时代精神”的德育目标。因此，在本课的教学过程中，学生通过视频资源了解祖国航天事业发展的情况，在关键设问引导下，通过听赏和富有感情的音乐表演方式，赞美祖国航天事业取得的伟大成就，增强民族自豪感。

二、凸显教学中“学科德育”的特有性质

1. 学科德育的科学性

《遥望我的蓝色星球》歌曲情绪欢快、活泼，二段体结构。第一段旋律弱起的切分节奏生动表现了天真的小伙伴向宇宙行星问候的情景，婉转的曲调表达了小伙伴对神秘星空的向往之情；第二段旋律上扬，人声音色变得丰富，表达了小伙伴想探索宇宙、实现飞天梦想的美好情感。

欣赏歌曲时，我采用整体——分段欣赏的方式，在视频辅助下帮助学生进一步了解我国航天事业发展的现状，在模唱旋律中想象宇宙神秘、美丽，体会歌曲欢快愉悦的情绪，表达对浩瀚宇宙的向往之情。在充分感受丰富的人声音色后，学生通过对比、聆听、律动表演等音乐活动，感知人声音色的变化和情绪变化，在欣赏音乐舞蹈史诗《复兴之路》后，用小乐器伴奏、律动表演歌曲，进一步体会中国人实现飞天梦想的情感，抒发对祖国伟大成就的赞叹之情，并潜移默化地将从小立志“航天梦”，长大实现“飞天梦”的美好情感浸润到孩子们的心中。

2. 学科德育的社会性

本课的教学内容为欣赏教学，为了能更好地调动学生学习积极性，启发学生感受乐曲中蕴含着的德育内涵，在教学过程中我借助视频资源，主要运用了“问题链策略”，并其将贯穿教学始终。

导入环节，我通过创设“宇宙星空”的情景、模拟宇宙“回声”，采用关键设问激发学生对神秘宇宙的好奇心和探索的欲望，感受小伙伴对浩瀚宇宙的向往之情。好的关键设问，能“一石激起千层浪”，不仅开门见山地点明课题，还指出了学习的重点，更促使学生去开动脑筋，探求答案。

欣赏环节，我借助视频资源《太阳系知多少》《中国航天第一次》《宇航员杨利伟》《复兴之路》，带领学生了解宇宙知识、我国航天事业的情况，在此基础上进一步落实德育目标，促进学生对“文化自信”中的“时代精神”的认识。本课的难点是感知人声音色的变化和情绪变化，我围绕这个难点，设计了一串小问题：“歌曲带给你什么感受？”“谁在唱歌？人声音色有什么变化？”“歌曲如何表达这种热闹的场景和激动的心情？”以上问题由浅入深，环环紧扣把学生思维引入最近发展区，在一连串的关键设问启发下，学生很快找到了答案。

拓展环节，我播放了我国“天问一号”火星探测器发射成功的视频，设计了开放式的问题，启发学生谈谈自己的“航天梦”，增强学生民族自豪感。最后我告诉学生习近平总书记希望青少年崇尚科学、探索未知、敢于创新，为实现中华民族伟大复兴的中国梦凝聚强大力量，坚定实现强国梦奋发向上的决心与信心。

附【课堂实录】

一、完整欣赏歌曲　师生交流感受

关键设问1：歌曲情绪是怎样的？你能联想到什么画面？

二、分段欣赏

1. 欣赏歌曲第一段

关键设问2：歌曲如何表达想探索宇宙的心情呢？

（1）聆听主题旋律，交流歌词内容

（2）观看视频，了解宇宙知识

（3）学习用歌声向“宇宙中的行星们”问候

（4）复听主题旋律，感受合唱效果

2. 欣赏歌曲第二段

关键设问3：人声音色有什么变化？

（1）聆听主题旋律，感知人声音色的变化

（2）观看视频，了解中国太空第一人杨利伟

关键设问4：歌曲情绪发生什么变化？

（3）聆听歌曲高潮部分，感知歌曲情绪上的变化

（4）欣赏《复兴之路》舞台纪录片，体会歌曲激动、热烈的情绪

（5）用小乐器伴奏、律动表现歌曲

三、拓展欣赏

1. 观看视频，了解中国航天事业

2. 师生讨论，交流感想

关键设问5：中国航天事业取得的成绩离不开几代航天人的艰苦奋斗，你能谈一谈自己的“航天梦”吗？

生1：我长大后要去太空探索新的行星

生2：我长大后要去太空做实验，种水稻

生3：我要成为宇航员，到月球上去

……

3. 学科德育的人文性

大型音乐舞蹈史诗《复兴之路》这部片子一共6集，分别为千年巨变、峥嵘岁月、中国新生、伟大转折、世纪跨越、继往开来。以全新的艺术语言再现了169年来中华民族气壮山河、可歌可泣的民族复兴之路。载人航天飞船、探月卫星的成功发射，都是我们在这条复兴之路的探索中所取得的成就。在本课中，我带领学生了解宇宙知识、我国航天事业的情况，激发学生对浩瀚宇宙的向往，在此基础上进一步落实德育目标，激发学生对“文化自信”中的“时代精神”的了解，学会关注航天事业，自觉接受新时代的召唤，在推动祖国航天事业发展进程中，将中华民族的航天梦、强国梦扎根在孩子们心底。

三、关注课堂中“无痕德育”的落实效果

新课标明确提出：“音乐是实施美育的重要途径，音乐教育应寓思想教育于音乐艺术之中”。音乐教育含有丰富的德育内容，音乐教学中的德育是以爱国主义教育为中心展开的，小学阶段应该让学生知道中华民族伟大复兴的奋斗目标和新时代“两步走”的战略安排，知道只有坚持中国共产党领导才能实现全体人民共同富裕和中华民族伟大复兴目标，增强国家认同感，在幼小心灵埋下爱党爱国爱社会主义的种子。

1. 抓住关键，巧设问题

欣赏教学是以音乐作品为对象，通过聆听感知及联想等辅助手段使学生对作品形成一种全身心的审美体验。《遥望我的蓝色星球》选自《大型音乐舞蹈史诗:〈复兴之路〉歌曲集》。《复兴之路》是为中华人民共和国成立60周年创排的大型音乐舞蹈史诗，这是继《东方红》《中国革命之歌》以后，我国舞台艺术的第三部音乐舞蹈史诗。一共收入了节目中的26首歌曲，包括5首独唱歌曲和21首合唱齐唱歌曲，这台节目展现了中华民族自鸦片战争至今169年的伟大民族复兴之路，抒发了13亿中华儿女的真挚爱国情怀。

这首欣赏作品对于一年级的学生而言比较难，我们可以运用“问题链策略”，帮助小学低年段学生进行欣赏。所谓关键，就是抓住知识的重点和难点，更好地调动学生学习积极性，启发学生感受乐曲中蕴含着的德育内涵，教师根

据学生已有的知识范围，在学生的“兴趣点”、理解的“疑难点”、思维的“发散点”上设问，通过关键设问帮助学生对作品进行深度理解。

2. 落实目标，注重体验

教师在课堂教学中要突出音乐性，注意德育的教育性，把德育目标融入音乐活动、音乐游戏、欣赏及歌曲的体验之中。通过生动的音乐形象，寓德育于美育之中，不断发展学生德育上的自我教育能力，紧紧抓住旋律、节奏、音色、拍子等要素塑造的音乐形象，引导学生进入歌曲的意境，让学生全身心地投入到美妙的音乐海洋里。德育内容应根据每堂课的教育目标展开，把教学目标转化为学生的学习目标落实于教学中，强化学生的德育意识，帮助学生树立良好的德育观。德育是一项重要的育人工作，作为一名音乐教师，应清醒地认识到这样一点，对学生进行德育教育是音乐教师不容推辞的一项重要职责。我们应充分利用音乐独特的艺术魅力，恰当处理好教育与教学的关系，结合教学内容选择适当的教育形式，让学生在受到美的熏陶的同时，得到良好的德育教育，以达到陶冶情操、净化心灵的目的。

《洞庭新歌》教学案例

普陀区树德小学　高皓冉

一、深挖教材中“国家意识”的德育价值

《洞庭新歌》是一首古筝曲，由王昌元、浦琦璋编曲。此曲作于 1973 年，是根据白城仁的歌曲《洞庭鱼米香》（湖南民歌）进行改编的。这首乐曲表现的是千里洞庭、碧波荡漾、鱼虾满场、稻谷飘香的场景，它生动描绘了洞庭湖的美景以及人们由衷的欢心喜悦心情。古筝清亮的音色描绘了碧波荡漾、层层涟漪、水天一色的洞庭湖美景，乐曲中点指、扫摇的技法，使得音乐更加形象生动，表达了勤劳朴实的渔民们的欢欣喜悦以及热爱美好生活的情景。旋律具有极强的歌唱性，彰显着湖区人民美好的生活情景与生活情趣。结合乐曲的创作背景以及旋律特点，本课的教学内容符合“国家意识”中的“社会发展”这一德育目标。在本课的教学过程中，我以改编歌曲《洞庭鱼米香》作导入，让学生体会湖区人民在洞庭湖的养育下鱼虾满舱、稻谷飘香的丰收场景，从而促进学生对当地社会美好发展以及湘湖文化的认知感，加深学生对湖区人民收获时喜悦心情的体验，以此将社会美好发展的国情观念潜移默化地深入到孩子们的心中。

二、凸显教学中“学科德育”的特有性质

1. 学科德育的科学性

《洞庭新歌》全曲由古筝演奏，乐曲前半段旋律婉转悠扬，韵律十足，使

人仿佛置身于洞庭湖畔，享受着和风细雨，让人沉醉其中。后半段情绪则活泼欢快，曲调精巧流畅，描绘了人们收获的喜悦之情，反映了湖区人民幸福的生活场景。

基于本课是欣赏课型的学科特点，在教学方法上我主要采用了分段赏析的方式，每一段都以听觉为先导，动觉为切入、视觉为辅助。在本课中，我以洞庭湖的视频介绍以及湖南民歌《洞庭鱼米香》的旋律片段导入，带领学生通过演唱旋律与歌词，在民歌的氛围中，调动学生对湘湖文化的兴趣，体会湖区人民的生活在不断变好。以古筝为线索贯穿整首乐曲的学习，学生通过模仿演奏、感受古筝演奏技巧、听辨旋律音区、律动表演等音乐活动，加深了其对洞庭湖美景的感知，同时激发了学习和欣赏的积极性，促进他们对于乐曲有进一步的理解与感受。特别是在律动舞蹈环节，通过拍击节奏谱为音乐伴奏以及设计收获的舞蹈动作在音乐中表现等活动，加深学生对湖区人民收获时喜悦心情的体验，以此将社会美好发展的国情观念潜移默化地深入到孩子们的心中。

2. 学科德育的社会性

本课的教学内容为欣赏教学，为了启发学生感受乐曲中蕴含的德育内涵，我以洞庭湖的介绍视频导入，使学生对洞庭湖有一个初步的知识储备，又通过设计演唱湖南民歌《洞庭鱼米香》的这一环节，学生演唱主旋律以及歌词，激发对湘湖文化的兴趣以及了解湖区人民美好的生活情景。

在教学的实践环节中，我采取了视听结合的方式，创设洞庭湖上人们在唱歌的情境，通过观看洞庭湖的视频介绍以及湖南民歌《洞庭鱼米香》的旋律片段，带领学生通过模唱旋律与歌词，学生在民歌的氛围中，产生对湘湖文化的兴趣，体会湖区人民的生活在不断变好。在此基础上一步步开展德育教育，激发学生的地域发展意识，推动学生德育素养和审美能力进一步提高。

附【课堂实录】

（一）导入环节

1. 聆听视频演唱，感知民歌特点

师：让我们听一听，歌曲唱了什么？具有怎样的特点呢？

生 1：老师，我听到歌曲里唱到“洞庭湖上好风光，八月风吹稻花香”

生 2：歌曲中用到了非常多的衬词

2. 用“lu”模唱歌曲旋律

师：歌曲表现了热闹的洞庭湖不仅有好风光，还有着大丰收。请跟着老师的钢琴用“lu”来唱一唱。

3. 教师范唱歌词，学生轻声跟唱

师：跟着老师的范唱轻声演唱

在教师的提示下，解决一字多音的难点

师：歌曲中还有很多的一字多音，同学们演唱时要注意。

4. 跟伴奏，完整演唱旋律片段

师：洞庭湖上满是大丰收的场景，那么演唱时我们应该带着怎样的心情来演唱呢？

生：快乐的、开心的

师：那就请同学们带着喜悦的心情完整演唱

3. 学科德育的人文性

适时适度地开展学科德育，将德育无痕浸润，是学科德育中人文性的体现。在本课中，我借助视频，学生通过观看丰收视频感受大丰收的喜庆氛围。随着音乐声的响起，学生们挥动着双臂，有的蹦跳着，有的哼唱起欢快的主题旋律，师生们用载歌载舞的方式点燃了课堂气氛，丰收喜悦之情尽在不言中。在律动中加深学生对湖区人民收获时喜悦心情的体验，进一步体会当地人民随着社会发展，生活越变越好，增强对社会美好发展的国情观念。

三、关注课堂中“无痕德育”的落实效果

正如贝多芬所说：“音乐能使人的道德高尚起来。”在审美教育时，动之以情，晓之以理，寓德育于美育之中，让学生在理解美、表现美、鉴赏美中培养高尚的情操和道德。在教学中，我们要专心钻研教材，分析和深挖教材中的德育因素，在授课时，巧设教法，创设情景进行德育教育。

四年级的学生对于民族乐器的知识储备相对还是偏少的，因此，在欣赏和

感受乐曲描绘画面的环节，我以古筝的演奏技法和演奏音区作为导向使学生通过听辨感知其描绘的不同情境。四年级的学生表现力较强，设计律动舞蹈，让学生用语言和肢体感知乐段的不同情绪和速度。考虑到学生对乐曲的背景知识比较陌生，我加入了介绍洞庭湖和歌曲的视频，丰富学习资源，使学生能结合视听在多方面感受乐曲内涵，提升审美能力。

学生在音乐的情境中，了解湖区人民的美好生活情景。通过聆听感知、模仿演奏、学唱主旋律以及律动舞蹈等音乐活动，感受洞庭湖水波荡漾的美景，体会湖区人民在洞庭湖的养育下鱼虾满舱、稻谷飘香的丰收场景，从而促进学生对当地社会美好发展以及湘湖文化的认知感。

音乐教学中含有丰富的德育内容，在本次执教中，我也充分意识到了德育教育在教学中的重要地位，我通过教学不断地进行反思与提炼，从而发现问题，学会研究，不断提高教学水平，使学生体会、感受和领悟音乐的无穷力量，使心灵得以净化，感情不断升华，从中提高审美能力，达到美育教育与德育教育相结合的目的。

《灯碗开花》教学案例

浦东新区泥城小学　宣　航

一、深挖教材中的德育价值

以音乐审美为核心，以兴趣爱好为动力，以面向全体学生为主导，以注重发展个性为出发点，在音乐教学中激发学生音乐学习兴趣，掌握音乐基础知识和技能，培养学生积极向上的生活态度，培育学生爱国情感和民族自豪感是我们每一位音乐教师的职责所在。音乐课堂是我们民族音乐学习和传承的主阵地，发挥好它的教育功能和价值，才能培育和升华学生民族自豪感和爱国情感，才能使我们的民族音乐受到学生热爱，发扬光大。

《灯碗开花》是上海音乐出版社《音乐》四年级第二学期的欣赏内容。此曲来源于山西民歌“开花调”——《灯碗开花》。山西各地区民歌品种繁多，在欣赏的同时向大家简单介绍山西的民歌种类和各种体裁，了解“开花调”的特点。因“开花调”歌词的上句常以“××开花”为起兴，下句点题，因而当地人把这种形式的山歌统称“开花调”。在这里，不只是植物可以开花，其他东西也可以开花，一切用来比喻的东西都可以开花，而其比喻一般又都是与点题的下一句有着某种联系。

《灯碗开花》一课的教学对象是四年级学生，在这一课的教学中，我做了精心的教学设计，挖掘了作品蕴含的德育因素，针对该作品的发源地——山西进行了研究，找出了一些与之相关的补充作品，丰富课堂形式，提供多种教学素材，设计形式多样的音乐实践活动，鼓励学生主动参与，积极体验，在学生的学习反馈中进行帮助和指导，通过简单学唱拓展民歌《灯碗碗开花在窗台》，理解作品《灯碗开花》所表达的民族音乐特色，努力激发学生对于音乐学习的积极性，以及对于民族音乐、民族器乐的热爱。

二、凸显教学中“学科德育”的特有性质

1. 学科德育的科学性

随着社会时代的不断进步，生活的逐渐信息化，音乐多元化局面扑面而来，学生所接触到的音乐文化越来越丰富。小学阶段的学生，根据他们年龄特点和身心发展的规律，对于音乐的自主选择往往停留在“好不好听”这个层面，他们对于音乐文化的选择和甄别的能力是比较薄弱的，更无从谈起认识和理解，所以音乐教师在民族音乐文化的教育和传承上就显得更为重要和迫切，可以通过有趣的音乐学习活动的设计，多形式音乐体验活动的开展，多广度音乐拓展活动的引导，带领学生走进民族音乐乐园，激发民族音乐学习之趣，体验民族音乐形式之多，了解民族音乐文化之深，从而培育和升华学生的民族自豪感和爱国情怀，提升学生对民族音乐的认知与向往之情。

2. 学科德育的社会性

本课的教学内容为欣赏《灯碗开花》。为了可以更好地调动学生学习的积极性，启发学生通过学唱简单、短小的民歌及地方戏曲唱腔片段，来体会音乐旋律所展示的语言特点，在教学过程中，我主要运用了“创编演绎策略”。以贴窗花、手腕花等律动表演民歌《灯碗碗开花在窗台》，又加入小道具以及模仿乐器演奏等，对乐曲《灯碗开花》进行音乐创编活动。加强对作品的切身感受，进一步强化学生对于乐曲的浓厚兴趣。

附【课堂实录】

1. 聆听山西民歌，学习“开花调”

师：民族乐器历史悠久、种类繁多，我们的民族歌曲又是怎样的呢？今天，宣老师带你们到山西，去感受山西的民歌。山西一百多个县，几乎每个县都有自己的民歌。我们来欣赏一段，说一说民歌带给你什么感受？

生：这首民歌感觉很欢乐，很开心的样子。

师：这首歌曲属于山西民歌——山歌中的“开花调”，主要流行在“太行山区”。什么是“开花调”呢？请同学来为我们解释一下。

生：开花调就是歌词上句常以“× × 开花”起兴，下句点题。

2. 交流体验“开花调”，律动感知其特点

师：在这里，不只是植物可以开花，一切用来比喻的东西都可以开花，比如说老师手里的扇子可以开花。来，请你来试一下扇子开花，恩，真好看，这把扇子就交给你了。你们还想到什么可以开花？

生 1：我想到门可以开花。

生 2：我想到伞也可以开花。

师：你们的想象力真丰富！老师手里还有手绢，谁能用它开一下花？好的，就交给你了！

师：这首歌曲表达了有情人喜结连理的喜庆、幸福的场景，山西人往往会剪窗花给各个节日增添喜庆的氛围。男同学来尝试剪窗花、贴窗花，女同学试着用手腕在不同方向开出花朵。让我们一起跟着歌曲轻轻唱，女生做一做手腕花，男生剪窗花去贴，感受一下开花调的旋律特点。

3. 学生进行律动表演

师：你们的表现真精彩！仿佛将我们的教室搬到了山西。你还知道哪些民族歌曲或乐曲呢？

生 1：我们学过的藏族歌曲《阳光下的小卓玛》。

生 2：我还知道彝族的《阿细跳月》。

师：同学们，民族的就是世界的，民族音乐其实就在我们身边，希望你们能够热爱民族音乐，与各族人民交好。

3. 学科德育的人文性

在这堂欣赏课中，由于我个人对于山西并不是很了解，查阅一些资料后我选择在欣赏中加入对山西民俗文化的一些讲解。并且，我的教学对象从小生活在上海，对于山西的地方风情缺乏了解，虽然他们对于民族乐器是有一定了解的，但四年级学生缺乏表现民族音乐的积极性与热情。因此我根据学生的学

情设计教学核心内容，遵循学生的认知规律，将教室营造成贴上山西特色窗花的热闹喜庆的场景，使学生能自然地“情境参与”，又设计了一系列的“手腕开花”律动，让学生“身体参与”，体验山西民歌的特色，继而在听、唱、赏、律动等音乐实践活动中激发学生的情感，自然地跟随乐曲“情感参与”，最后在媒体的辅助，情境的烘托、学生的创造实践中，激发学生“审美参与”，对民族音乐有了更多的体验与感知，对于“山西”有了更全面的认识和感受，相信他们通过课堂上对民族乐器和民族音乐的接触与感受，会更加热爱我们的民乐。可以说，本课时既达成了设定的音乐欣赏的知识技能教学目标，也完成了让学生对民歌、民族音乐产生浓厚兴趣的育德目标。

三、关注课堂中“无痕德育”的落实效果

1. 借助乐器，拉近作品与学生的距离，感受民族乐器

网络的便捷，为学生提供了更多接触多种音乐类型的机会和途径，但由于我们的学生更易接受时尚的讯息，相对而言，更易于对流行音乐、电子音乐等产生较浓厚的兴趣，而较少主动去接触民族音乐。在本课中，我运用到古筝这一民族乐器，以实物展现给学生，并亲自示范演奏古筝，让学生更直观地了解到古筝的演奏方式以及古筝的音色，从而能够更好地调动课堂氛围，提高学生的学习兴趣，更加了解民族乐器。

2. 多种音乐实践活动，体验民俗文化，赏析民族音乐

我们的学生从小生活在上海地区，缺乏对于山西民俗文化的了解，更加不熟悉山西民歌。因此，在教学过程中设计了律动感受、乐器伴奏等体验方式，多途径感受作品的情绪。更运用到“窗花”，除了将教室布置成贴满窗花的山西人家，还在播放山西民歌《灯碗碗开花在窗台》时邀请学生在窗户上贴上美丽的窗花，体验音乐的情感。在互动交流和表演表达的过程中，丰富学习经历，情感得到培养，本堂课的重点和难点也得到突破和解决。

3. 结合过往学习，回顾民乐作品，热爱民族音乐

教学的最后环节，通过师生之间的交流，引导学生说出在过去的音乐课堂中学过的民族音乐作品:《乃哟乃》《新疆是个好地方》等，学生们纷纷整齐地

唱起来，将课堂教学推向高潮，更好地激发了学生学习民族音乐的兴趣。《灯碗开花》的欣赏，仿佛打开了学生通向民族音乐的大门，孩子们感受到民族音乐原来是那么的多元化，“手腕花”“贴窗花”等简单的创编活动，让学生对民族音乐有了新的认知，对民族文化产生浓厚的兴趣，从而培养他们对民族音乐作品的热爱。

音乐来源于生活，我们的音乐课堂从生活中来，也必将回到生活中去。我们要发挥我们的聪明才智和教学机智，无痕式地带领学生走向热爱民族音乐的道路，让学生感悟民族音乐的博大精深！

《在那桃花盛开的地方》教学案例

浦东新区万科实验小学　倪瑜薇

一、深挖教材中“政治认同”的德育价值

《在那桃花盛开的地方》选自上海音乐出版社三年级第二学期音乐，是第二单元“乡情”中的一首欣赏作品。歌曲创作于20世纪80年代，是词曲作者铁源和邬大为等人在辽宁丹东的一支边防部队采风时编写而成。歌曲的前半部分情绪明朗愉悦，旋律婉转流畅，歌词以写实的方式描绘了家乡的春天，桃树环抱、花儿盛开的美丽景色，以及乡亲们幸福生活的场景。歌曲的后半部分情绪热烈、旋律高亢，歌词以直抒胸臆的方式深切表达了边防战士为了美丽的故乡、为了故乡的美好明天，不畏冰雪和艰苦，立志驻守边疆、保家卫国的爱国情感。这首歌曲也赞美了边防战士“舍小家，为大家”，心怀党和人民的博大情怀与高尚情操。

结合这一题材的创作背景，本课的教学内容符合“政治认同”中“党的领导”这一德育目标。因此，在教学过程中，我从歌曲刻画的“边防战士”音乐形象出发，与学生一同深入了解其背后蕴含的德育要素与音乐特点。学生在丰富的音乐学科教学活动中，不仅能激发其对政治认同的国家意识，也能更深刻地理解作品所表达“没有共产党就没有新中国”这一歌颂之情。

二、凸显教学中“学科德育”的特有性质

1. 学科德育的科学性

结合本课是欣赏教学的学科特点，在教学方法上我主要采用了“总－分－总”的欣赏教学方式。导入环节以复习为主，首先复习了学生熟悉的女高音和女中音作品，接着引出本课课题，介绍歌曲的主人公“边防战士”。通过播放边防战士驻守边疆的资料视频，在补充素材的动态展示过程中，树立刻画了边防战士的人物形象。补充素材的德育开发与运用，不仅注入了学科德育的科学性，也激发了学生学习歌曲的兴趣。

结合单元学习要点思考教学环节，也是学科德育科学性的体现之一。本课所在的单元学习要点是学生在欣赏音乐作品的过程中，结合音乐情绪的感受展开音乐形象的联想；通过欣赏不同人声的演唱作品，感知女中音、男高音的音色特点，初步建立对人声音色的认识，并在辨别人声音色的过程中，体验不同音色下歌（乐）曲所表达的爱党、爱国、爱家之情。因此，在新授环节，我以听觉为切入点，首先完整聆听歌曲，学生能通过对比感知男高音的音色特点，进而体会歌曲的音乐情绪。在分段赏析的过程中，学生通过聆听歌曲、朗诵歌词、声势律动等音乐活动，进一步感受歌曲所描绘的音乐画面。在最后的综合表演环节中，学生将各环节所掌握的知识技能融会贯通，呈现出自己心中爱家、爱国、爱党的真挚情怀。综合表演的展示，不仅能体现学生对作品中边防战士人物的理解，也加强了孩子们对作品的德育感悟，从而不断提高自身的国家意识观念。

2. 学科德育的社会性

为了能更好地调动学生学习积极性，启发学生感受乐曲中蕴含的德育内涵，在本课的新授环节，主要运用了“歌词分析策略”。我设计了深情朗诵歌词，为歌词创编造型的音乐活动。首先，教师通过自身示范，跟随伴奏深情朗诵歌词，这不仅能起到示范引领的作用，也营造了良好的课堂气氛，以此激发学生的情感共鸣。接着，学生通过将歌词改编为配乐朗诵的方式，能在歌曲优美抒情的伴奏中，进一步体会歌词中边防战士驻守边疆仍心怀党与家乡的真挚

情感。在综合表演环节，学生通过创编符合歌词情景的造型动作，将歌曲画面以律动造型的形式呈现出来。歌词的造型创编具象化了“歌词分析策略”的作用，学生通过创编不仅加深了对歌词德育内涵的理解，也在富有学科特性的教学活动中加强了对歌曲情感的理解。以上教学环节环环相扣、由浅入深，学科德育典型教学策略的运用也贯穿始终，体现了学科德育的社会性。

附【课堂实录】

一、赏析第一段歌词

1. 复听歌曲，师生交流音乐画面

师提问：边防战士的故乡有哪些美景？

生 1：有美丽的桃花。

生 2：有可爱的父老乡亲。

2. 欣赏教师范读歌词

师：在那桃花盛开的地方，可真美啊，这么美的歌词，老师情不自禁想要跟着伴奏朗读一下了，请听老师带来的配乐朗诵。

（评价方式：学生点评老师的朗诵，提出朗诵要点）

3. 赏析第一段歌词

师：边防战士的故乡就在那桃花盛开的地方，这里的桃树倒映在平静的水面，说明这里山清水秀，桃园里徜徉着孩子们的欢声笑语，这美丽、安详的家乡，是养育边防战士的地方，因此，我们的边防战士们，无论在哪里放哨站岗，总是深情地向往着故乡。同学们，让我们也带上边防战士的这份感情，一起来朗诵一下歌词吧，朗诵时请你像老师刚才示范的那样，声情并茂、配合我们的伴奏哦，老师和你们一起来。

（评价方式，师生互评）

……

二、综合表演

师：这首歌的歌词，饱含着边防战士们对党和家乡的热爱之情，其中美好的桃花春景也寓意着在党的带领下，各地人民的生活都如沐春风。我们能不能用一些造型动作，来表现一下歌词中的情景呢？老师觉得桃花可以用这个造型来表示。（教师示范桃花造型）其他歌词可以用什么造型来表示呢？谁来试试？

生1：可以用敬礼的动作表现边防战士的形象。

生2：可以用甜甜的笑脸表现孩子们在桃园里欢笑的场景。

……

3. 学科德育的人文性

学科德育的人文性不仅体现在教师适时适度地开展学科德育，也是教师课堂智慧的体现。教师是课堂的参与者，也是学生学习活动的组织者、引导者、合作者。学生在欣赏音乐作品时，首先从听觉的角度出发，完整聆听了歌曲，构建了对歌曲的初步印象。随后，学生通过观看男高音歌唱家现场演绎的歌曲视频，可以更加直观地感受男高音的音色特点。教师通过视与听的相互结合，以及多媒体资源的有效利用，为学生积极创设广阔的联想空间，学生也能在其中进一步体会歌曲所描绘的音乐画面，从而感悟歌曲的德育真谛。

此外，在本课的欣赏环节中，学生不仅欣赏了教师声情并茂的歌词朗诵，还能在学生评价老师朗诵的过程中，表达自己对歌词和歌曲情感的理解。将评价的作用赋能于学生，不仅体现了和谐平等的师生关系，营造了良好的音乐学习氛围，也将学科德育的人文性体现在课堂的每一处。

三、关注课堂中“无痕德育”的落实效果

学科德育科学性、社会性、人文性的体现不仅在于前期教学设计的考量，也体现在教学环节的每一处。三年级的学生通过一、二年级的积累与学习，已经初步具备辨别音乐情绪的能力，愿意参加音乐实践活动，并能在实践中感知音乐形象、理解作品内涵。在本学期前两个单元的学习过程中，学生在欣赏《斑鸠调》一课中初步感受了女高音的音色特点，在欣赏《美丽的草原我的家》一课中学习了女中音的音色特点，对于感知和听辨人声音色有一定的基础。因此对于听辨本课作品男高音的音色特点这一教学重难点，教师可以运用对比聆听的方式，帮助学生加强感知与理解。学生对于知识技能的掌握与否，直接关

系到学生是否能进一步体悟本课的德育内涵。

对于体会作品中边防战士热爱中国共产党、热爱祖国、热爱家乡，不畏艰苦、驻守边疆的真挚情怀，除了设计富有学科特性的音乐活动，教师还可以引申到学生的日常生活和校园生活中去，在实践中加强学生对乐曲的审美感知，不断提高其对作品德育内涵的感悟。例如，可以从热爱学校、热爱家园的角度出发，讨论作为学校和家园的一分子，在新时期的我们可以为家校平安、和谐发展做些什么？进而激发学生爱国爱党的情感共鸣和保卫祖国、拥护党的纲领的国家意识，将学科德育的价值潜移默化地落实到课堂和生活的点滴之中。

通过本课的教学实践，也让我充分体会到，作为一名音乐教师，我们应当有意识地将学科德育融入到日常的教学活动中去。要做到这一点，需要我们不断深入挖掘音乐素材中蕴含的德育要素，努力提高自身对于德育价值的认识与理解，这样才能将德育要点充分落实在教学的每一处。如何落实德育课堂，不断深化无痕德育的效果，是我们教师应当持之以恒思考和努力的方向。

《在欢乐的节日里》教学案例

浦东新区崂山小学　柴颖佳

一、在音乐课堂中“走出国门”

随着中国经济的发展，从国家到个人，与世界的连接越来越多。未来，国际视野和国家胜任力是基本能力。也只有具备了这种能力的人，才会有更高的平台、更加广泛的机会，成就更高的事业。作为教师，我们应当引导学生能够以多元的眼光与视角去认识世界、理解世界，让他们能够有一些普世的价值观、世界观，以方便他们能够走到国际舞台上去交流、去竞争、去合作，让他们能够在胸怀祖国的同时，放眼世界。

歌曲《在欢乐的节日里》是一首欢快、热烈的印尼民歌。对应的重点内容是“国家意识”中的“国际视野”指标。通过欣赏、了解印尼风土人情、学习演唱、歌表演《在欢乐的节日里》等集体音乐活动，学会在有序参与音乐活动的基础上，感受印尼音乐和舞蹈的魅力，激发学生对印尼传统文化及音乐的学习兴趣。

二、凸显教学中“学科德育”的特有性质

（一）学科德育的科学性

歌曲《在欢乐的节日里》是一首欢快、热烈的印尼民歌。歌曲旋律活泼、欢快，节奏明快、跳跃，歌词朗朗上口。全曲是由三个乐句组成的一段体歌曲，其中第二句与第三句旋律相同，只在尾音处稍有变化。曲中的衬词“啦啦

啦”部分，一字一音的处理手法更增强节日欢乐的气氛。本课的意图是引导学生在“听、唱、体验、舞蹈、模仿”中，了解节日——这一具有特殊意义的日子，给我们带来的无限欢乐；并在丰富的音乐活动中感受印尼儿童们在欢乐的节日里纵情歌唱、欢乐舞蹈的情景，激发对印尼文化的好奇心。

在这堂课中，我设计了多个环节，围绕“德育指向”中“国际视野”这一德育目标进行。比如在课程一开始，我组织学生听印尼民歌《星星索》律动进教室，营造在美丽的湖上泛舟歌唱的情景。在导入环节，我引导学生跟随图片了解印度尼西亚——这个被称为千岛之国的自然风光和人文知识。在学习简单的印尼舞蹈的过程中，感受印尼舞蹈的热情与魅力。在整个教学过程中，我也始终关注每一个环节的德育目标，注重德育教学策略，从创造情景、师生合作表演歌曲、舞蹈律动学习，到综合表演，都紧紧围绕了教育主题，进一步激发学生了解印尼文化的兴趣，体验音乐学习的欢乐，培养具有国际视野的世界小公民。

（二）学科德育的社会性

本课主要教学内容为舞蹈教学，为了调动学生学习热情，在教学中主要采取了“创编演绎策略”。在导入环节，学生聆听印尼民歌《星星索》进教室。这是一首印尼苏门答腊中部地区巴达克人的船歌，是无伴奏合唱曲，以固定音型“啊，星星索”作为伴唱，具有印尼歌舞的一些基本特点。在学唱歌曲环节，师生互动对唱歌曲，学生在聆听教师范唱、模仿学习舞蹈的过程中，感受印尼音乐，加深对印尼文化、舞蹈的理解，提高对印尼文化的学习兴趣。

附【课堂实录】

1. 导入启发，体验交流

听印尼民歌《星星索》律动进教室，营造在美丽的湖上泛舟歌唱的情景，初步感受印尼人文气息。通过图片介绍，了解印度尼西亚——这个被称为千岛之国的自然风光和人文知识；通过《黎弓舞》视频了解印尼舞蹈特色，初步感受印尼歌舞的特点，简要了解印尼舞蹈为之后舞蹈学习做铺垫。

师：今天让我们跟着音乐《星星索》，一同进教室吧。

学生跟音乐自由表演，律动进教室

2. 舞蹈学习，感受印尼舞蹈的魅力

（1）舞蹈基本姿态学习

师：你是不是也跃跃欲试想一起舞蹈了呢？让我们跟着印尼小伙伴舞蹈吧！

（2）小组合作，为歌曲第二、第三句话创编舞蹈

师：看来大家已经掌握了印尼基本舞蹈动作，请大家小组合作选择刚刚学过的动作，如：绕手腕、扭胯、手臂摆动等进行自由组合，创编自己的舞蹈。

学生自由创编练习

（3）为歌曲第一句话创编舞蹈

师：刚刚小组合作我们创编的舞蹈都很不错，接下来让我们尝试自己来为歌曲的第一句话创编合适的舞蹈动作，注意要符合歌曲的情绪。

学生自由创编练习

3. 综合表演，创编演绎

师：请各小组合作，编排设计舞蹈动作，让我们一起开启舞蹈 party 吧！

……

（三）学科德育的人文性

本课为舞蹈教学，整节课课堂气氛十分融洽，学生在课堂伊始通过跟随印尼民歌《星星索》律动进教室，初步感受到印尼音乐的魅力；在导入环节，通过印尼自然风光、特色服饰、丰富的物产、优美的舞蹈等图片、视频播放，学生对印尼这个千岛之国油然向往。尤其当欣赏完印尼舞蹈《黎弓舞》片段后，许多学生跃跃欲试，不由自主地舞动起来。在舞蹈学习中，大部分学生能跟随教师的示范，跟上音乐节拍舞蹈，在综合表演环节，学生对舞蹈派对十分感兴趣，都能用自己掌握的歌唱、舞蹈本领进行表演，但二年级学生在舞姿优美方面还需要教师加强指导。在最后的总结环节，学生通过课堂学习，交流分享了自己对印尼文化的理解，都表现出对印尼这个千岛之国的向往，德育教学与音乐教学无声的融合，让德育教学在音乐课堂中扎根。

三、无声德育，有声课堂

著名思想家、政治家和教育家梁启超先生就曾提到过“国际视野”的概念：所谓“国际”，是为“他族”，所谓“视野”，是为“看见”，若是看不见别的文化，又如何看到自身发展的诸多可能？我想每一位公民应该在对本国文化充分理解的前提下，也能更多地理解和尊重不一样的文化背景和价值观。音乐，是反映人类现实生活情感的一种艺术，而舞蹈律动可通过具体的肢体语言来诠释音乐，舞蹈律动在课堂的引入可以实现视觉及听觉的相辅相成，使得音乐课程内容更加丰富，同时让德育教学在音乐活动的潜移默化中有效实施。

（一）把握德育教学目标，寻找德育切入点

把握德育教学目标是第一步，在确定了德育教学目标后，如何能让德育教学在短短 35 分钟的音乐课堂中达到最大化，需要在深挖课本中德育素材之外，设计符合学生特点的课堂教学内容。在本课《在欢乐的节日里》中，采用了以舞蹈教学为主的方式，从重点落在歌唱教学转变为舞蹈教学。本节课围绕舞蹈律动做了许多铺垫，如课堂伊始听音乐《星星索》律动，初步体验印尼音乐、舞蹈的特点，到导入部分欣赏、观察印尼舞蹈《黎弓舞》的舞蹈特点，再到之后的舞蹈学习，舞蹈派对表演，环环相扣。通过印尼舞蹈的学习，不仅提高了学生学习兴趣及舞蹈能力，更使其对印尼文化产生了浓厚的兴趣，育德点落到了实处。德育教育和音乐教育是相互融合、共同发展的，德育在音乐课堂中的实施，需要因势利导、循序渐进。

（二）巧用学科德育教学策略，引领课堂教学

著名诗人、哲学家泰戈尔曾说：“孩子一开始必须带着对生活的热爱来获得知识，随后他们便会脱离生活去求得知识，再往后，他们又会带着成熟的智慧重返自己更为充实的生活。”可见，教学策略的智慧运用对激发学生学习兴趣十分重要。在导入环节，通过聆听印尼民歌《星星索》律动进教室，初步感受印尼歌舞的特点，简要了解印尼舞蹈。在学唱歌曲环节，通过师生互动对唱歌曲、聆听教师范唱模仿学习舞蹈的过程中，感受印尼音乐。在课堂总结环节，邀请学生分享在课堂中感受到的印尼舞蹈、音乐、风土人情的特点，进一步激

发学生对印尼文化的学习兴趣。通过这几种策略与方法，培养学习的主动意识。学生对学习感兴趣了，通过他们的努力，能用自己掌握的本领，如语言、歌唱、舞蹈等方式，表现对印尼文化的理解，无形中拓宽视野。

音乐课堂对于增进对世界音乐文化丰富性和多样性的认识和理解起到重要作用。在课堂教学中，挖掘教材、巧用教学策略、把握教学重点进行“国际理解”教育，对丰富学生的“国际理解”知识、培养学生国际视野起到重要作用。

后 记

2019年6月，国务院颁布了《中共中央国务院关于深化教育教学改革全面提高义务教育质量的意见》。2020年10月，国务院颁布了《关于全面加强和改进新时代学校美育工作的意见》。

2022年4月全国新课程改革全面铺开，标志着义务教育改革进入了新阶段。《义务教育课程方案（2022年版）》明确提出：聚焦中国学生发展核心素养，培养学生适应未来发展的正确价值观、必备品格和关键能力，引导学生明确人生发展方向，成长为德智体美劳全面发展的社会主义建设者和接班人。

《上海市中小学音乐教学基本要求》也明确指出：音乐学科作为一门人文艺术课程，应该发挥出独特的人文教育功能，发挥音乐教育的文化认识与传播功能。

根据“坚持以习近平新时代中国特色社会主义思想为指导，全面贯彻党的教育方针，落实立德树人根本任务”的国家政策，我们小学音乐学科德育课题组，立足时代需要，顺应教改要求，坚持立德树人，坚持课程育人，自2017年起尝试开展了小学音乐学科德育的实践探索。

2017学年，我们申报了《小学音乐学科德育教学设计及案例资源建设研究》区级课题。经过一年的努力，我们课题组成员一共撰写了20多篇教学设计和案例。2018年4月，和中学课题组一起共同出版了《浦东教育研究》音乐学科德育专刊。这是我们音乐学科德育教学设计和案例的最初版本。

2018学年，我们申报了《小学音乐学科德育资源库建设的实践研究》区级课题。这一年，我们主要梳理了适合开展学科德育研究的小学音乐教材，撰写了教学设计，初步建立了小学音乐学科德育教材和教学设计资源库。

2019学年，我们开始了深入研究，申报了《小学音乐教学中培养学生“国家意识”观念的策略研究》区级课题。主要从学科德育四个重点内容中，选择了“国家意识”，进行了学科德育教学策略的初步研究。另外，我们的教学设计和案例的撰写也有所改进，形成了2.0版本。此课题也被评为浦东新区一等奖，并成功申报为“德育协会”市级课题。

从2020学年一直到2021学年，我们在原有的基础上全面铺开，申报了《小学音乐学科德育教学的实践研究》市级课题。我们围绕“政治认同、国家意识、文化自信、公民人格”四方面，将社会主义核心价值观和中华优秀传统文化教育要求和上海市“两纲”教育要求，有效融入到小学音乐学科当中。

我们选择大量优秀的音乐作品进行学科德育课堂实践，充分挖掘教学实践过程中音乐作品的背景、艺术和人文意蕴，通过不同的教学策略和方法，让学生感知、领悟音乐作品，引导学生形成相对稳定的起主导作用的价值观念体系，初步总结出了具有小学音乐学科特色且能有效落实学科德育的4种典型教学策略。另外在教学设计与教学案例撰写方面，进行了再一次突破和改进，形成了3.0版本。

回顾4年多的研究历程，我带领课题组全体成员，层层深入，不断推进，实现了从“量”到“质”的转变，体现了由“浅”入“深”，循序渐进的研究过程，课题参与学校越来越多，课题研究成果也越来越丰满，形成了一批优秀的学科德育教学设计、教学案例、教学论文和学科德育精品课程。

在这里，我首先要感谢课题组全体小伙伴们，我们怀着共同的志愿，共同的目标，大家一起磨课，一起讨论，一起研究，一起成长！我们收获的不仅仅是课题研究的成果，更收获了团队的温暖和满满的幸福！

其次，我要感谢浦东教发院德研员王宇老师，王老师既是我们的专家，也是我们的好朋友，一直陪伴在我们的左右。她不仅对我们的课题精心指导，更为我们搭建了很多市、区级平台，让课题组的老师们都能有机会展示自我！

最后，我还要特别感谢浦东教发院刘文杰副院长，能够在百忙之中抽出时间为本书写序，并为我们今后的研究方向，提出了建议和目标。

音乐课程的价值在于为学生提供审美体验，陶冶情操，启迪智慧；在于开发其创造性，发展其潜能，提升其创造力。音乐还可以传承民族优秀文化，增进对世界音乐文化丰富性和多样性的认识和理解，促进人际交往、情感沟通及和谐社会的构建。

《小学音乐学科德育教学研究》这本书，是我和我们课题组全体成员在小学音乐课堂教学中多年实践的成果，也是对小学音乐学科德育教学策略开展了一些新的思考和探索性的研究。本书收录了部分论文、教学设计和案例，希望能够为广大音乐老师提供一些借鉴和参考。

由于本人水平有限，书中定有很多不足之处，恳请广大读者提出意见和建议，谢谢！